한비자,
스파이가 되다

탐 철학 소설 11

한비자, 스파이가 되다

초판 1쇄 2014년 6월 10일
초판 5쇄 2023년 6월 5일

지은이 윤지산

책임편집 윤정현
마케팅 강백산, 강지연
표지디자인 땡스북스 스튜디오
표지 일러스트 박근용
본문 디자인 유민경

펴낸이 이재일
펴낸곳 토토북

주소 04034 서울시 마포구 양화로11길 18 3층 (서교동, 원오빌딩)
전화 02-332-6255 | 팩스 02-6919-2854
홈페이지 www.totobook.com | 전자우편 totobooks@hanmail.net
출판등록 2002년 5월 30일 제10-2394호
ISBN 978-89-6496-190-2 44100
ISBN 978-89-6496-136-0 44100 (세트)

● 이 책의 사용 연령은 14세 이상입니다.
● 탐은 토토북의 청소년 출판 전문 브랜드입니다.

한비자,
스파이가 되다

윤지산
지음

11
탐
철학
소설

탐

차례

머리말

중원의 새 질서를 기획한 한비자

뉴스나 신문에서는 정치 기사를 첫머리로 자주 다룬다. 정치가 개인과 사회에 미치는 영향이 크므로 많은 사람이 관심을 두기 때문이다. 고대 중국인은 정치의 중요성을 일찍 인식하고 정치 전반에 관해 활발히 연구했다. 지금은 《논어》나 《도덕경》을 마치 자기 계발서인 양 읽지만, 원래 주제는 정치였다. 특히 왕을 중심으로 한 정치 지도자의 인성이나 통치술에 관한 논의가 많다. 그래서 《논어》를 비롯한 옛 문헌을 '제왕학의 교과서'라고도 부른다.

진시황이 천하를 통일하기 전 약 500년 동안 중국 전 지역에서 전쟁이 그치지 않았는데, 전쟁을 막으려는 수많은 학자가 제각기 주장을 들고 나왔다. 이들을 '제자백가'라고 한다. 제자백가(諸子百家)는 다양한 학파, 다양한 사상가라는 뜻이다. 학파와 사상가가 많지만 대략 열 가지로 분류한다. 그중에서 도가, 유가, 묵가, 법가가 주류를 형성했다. 묵가는 묵자 사후 세력이 약화되기 시작하여 전국 시대 말기에 이르러서는 세력이 거의 사라졌다. 반면, 유가와 도가는 부침을 거듭하면서 세력을 유지했지만, 실효가 없고 이상만 크다고 현실 정치에서 외면당했다.

전국 시대 정치나 학계를 주도한 것은 법가 계열이었다. '법가'는 '법을 수단으로 정치를 개혁하려 했던 집단'을 묶어서 부르는 이름이다. 관중, 자산, 이회, 상앙, 오기, 신불해, 신도, 이사, 한비자 등을 법가로 분류하는데, 이들이 처음부터 한 깃발 아래 모인 것이 아니라 정치적, 학문적 성향이 비슷해 후대 사람이 하나로 묶은 것이다.

법가는 자신이 몸담은 국가를 강하게 만드는 것이 목표였다. 이를 위해 '법'을 수단으로 이용했다. 법가에서 주장한 법은 현대의 실증법과 형식은 비슷하지만 법 제정 및 집행 절차, 철학적 배경은 다르다. 법가는 법을 강력하게 집행하려고 왕 중심의 독재 체제를 만들었다. 국가와 백성을 효율적으로 통치하고 관리하려고 국가를 군대 형식으로 조직하는 것이다. 법가가 단행한 개혁이 성공을 거두자 전국 시대 각 제후국은 너도나도 법가 성향의 정치가를 등용했다. 그래서 진(秦)나라 왕 영정(진시황)이 이사를 등용하고 한비자를 불러들였다. 진나라가 천하를 재통일한 데에는 법가의 공이 컸다.

법가가 추진한 개혁은 단기간에 효과를 냈지만, 차츰 부작용이 드러났다. 법가 체제로는 중국 전체를 관리할 수 없었고, 형벌이 지나치게 엄해 민심이 떠난 것이다. 그래서 진나라는 20년 만에 역사 속으로 사라졌다. 진나라는 법가 덕분에 성공했지만, 법가 탓에 망한 것이다. 이후 왕조에서는 법가의 문제점을 간파하고 통치 체제를 새로 개발했다. 겉으로는 유가를 표방하지만, 실제 정치는 법가 체제를 따르는 것이다. 이를 양유음법(陽儒陰法), 외유내법(外儒內法)이라고 한다.

진시황 이후 중국의 통치 체제는 이 범주에서 크게 벗어나지 않았다. 중국과 가까운 한반도도 이 영향권에 있었다. 그러므로 반드시 법가를 알아야 한반도 및 동북아시아의 역사를 알 수 있다. 이처럼 법가는 유가 못지않게 중요한데도 우리나라에서는 연구가 그리

활발하지 않다. 학문도 유행을 타지만 국내에서는 공자나 노자 등 몇몇 인물에만 관심이 집중된다. 유가나 도가를 알려면 거기에 관한 것만 읽어서는 이해하기 어렵다. 성격이 다른 것을 같이 읽어야 유학에서 무엇을 주장하는지를 명확히 알 수 있다. 이 책은 청소년이 법가를 이해하고, 중국의 사유를 이해하는 데 조금이라도 보탬이 되기를 바라는 마음에서 쓰게 되었다.

흔히 한비자가 법가를 총정리했다고 한다. 전국 시대 말기 인물인 한비는 선배 학자의 업적을 정리하기 유리한 시대에 살았다. 그래서 한비자는 춘추 전국 시대 여러 학문을 비판적으로 검토하고 종합하면서 새로운 체계를 만들 수 있었다. 한비자가 새 질서를 이론적으로 기획했다면 이사는 이를 현실 정치로 구현했다. 《사기》에 따르면 한비자와 이사는 순자에게 같이 배운 동문이다. 나중에 길이 갈리기는 했지만, 어쨌든 이 두 사람이 중원의 역사를 쓴 것이나 다름없다.

중국 역사를 알려면 한비자와 이사는 반드시 짚고 넘어가야 한다. 그래서 이 책은 이 두 사람을 중심에 두고, 철학의 뿌리가 무엇이며, 전 시대를 딛고 일어선 새로운 사상은 무엇인지, 그것을 현실에 어떻게 적용했는지를 소설 형식으로 풀었다. 소설적 재미를 위해 몇몇 인물은 가공했지만, 대부분은 실존 인물이다. 또 소설 속 사건 진행도 실제 연대와 거의 일치한다. 철학과 역사는《도덕경》,《순자》,《한비자》,《사기》,《전국책》을 충실히 반영했다.

이 책을 읽고 한비자가 무슨 생각을 했고 진나라가 전국 시대의 여러 나라를 어떻게 통일하게 되었는가에 대해 그림을 그릴 수 있다면 필자의 의도는 성공한 셈이다. 필자가 번역한 법가에 관한 다른 책도 같이 읽으면 이 글이 더 쉽게 이해되리라 믿는다.

인문학을 20년 공부했지만 늘 내용만 고민했고 형식은 생각해 보지 않았다. 내용 못지않게 형식이 중요하다는 것을 이 글을 쓰면서 깨닫게 되었다. 기회를 마련해 주신 탐 가족께 감사의 말씀 전한다. 김용관 선생 덕분에 이런 좋은 기회를 가질 수 있었다. 감사드린다.

짧지 않은 집필 기간 동안 여러모로 지원해 주신 정평관세사무소 이준복 대표님, 대륙금속 박재영 대표님께 인사드린다. 무엇보다도 재주도 용렬한 동생을 지금까지 뒷바라지해 주신 하진, 하정 두 형님께 큰절 올린다. 더 좋은 글을 써 여러 사람의 은혜에 보답하고 싶다.

2014년 봄, 중국 장춘에서
윤지산

한비(한비자)

한나라 왕족 출신이지만 홀연히 초나라로 떠나 스승인 순자 밑에서 공부한다. 순자가 갑작스레 도관을 폐관하자, 여러 제후국을 돌아다니며 나라를 다스리는 데 필요한 도가 무엇인지를 공부한다.

이사

한비와 함께 순자 밑에서 제왕학을 공부한다. 성공에 대한 야망이 커, 공부를 중도에 포기하고 진나라 승상인 여불위 수하로 들어간다. 훗날 진시황을 도와 천하를 통일하는 데 기여한다.

순자

춘추 전국 시대에 여러 제후국으로부터 초청받을 정도로 학문과 사상을 널리 인정받았다. 초나라에 도관을 열어 제자들을 양성하던 중 전쟁을 끝내는 데 필요한 글을 쓰기 위해 도관의 문을 닫고, 토굴로 들어간다.

여불위

망한 상나라 출신의 거상으로 권력에 대한 야망이 크다. 조나라에 인질로 잡혀 온 진나라 왕자 이인을 태자로 앉히고, 최고 벼슬인 승상 자리에 앉는다.

영정(진시황)

이인의 아들. 어릴 때부터 책을 많이 읽어 영리했다. 출신을 따지지 않고 인재를 쓰고, 한번 결단한 것은 빠르게 추진하는 성격. 한비가 쓴 글을 읽고 천하를 통일하는 데 필요한 방법을 알게 된다.

1

스승을 뛰어넘다

지난밤 바람이 세차게 불었다. 예민한 한비는 꽃잎이 떨어지는 소리에 눈을 떴다. 잠 못 이루고 뒤척이는데 낯선 그림자가 창살을 어지럽혔다. 한비는 평소보다 늦게 스승인 순자의 처소 문을 두드렸다. 아무 기척이 없었다.

"한비입니다. 아, 아침 문안을 드리려……."

말을 더듬었다. 한비는 긴장하면 혀끝이 더 굳는다.

"들어오너라."

자리에 앉으려던 한비는 스승을 보고 놀랐다. 두건 사이로 머리카락 몇 올이 흘러나와 있었다. 예를 중시하며 늘 단정했던 스승이었다. 간밤에 무슨 일이 있었던 걸까? 한비 마음에 두려움이 안개처럼 피어올랐다. 스승이 애지중지하던 고명딸 려려도 보이지 않았다. 려려는 아침마다 아버지 곁에서 차를 따랐다. 가늘고 긴 손으로 찻잔에 차를 따르면서 한비가 들어오면 엷게 웃었다. 투명한 피부에 붉은 입술, 가지런하고 하얀 이가 보기 좋았는데…….

"이사(李斯)가 떠났다."

한비는 놀라지 않았다. 언젠가 이런 날이 올 줄 알고 있었기에 동요하지 않았다.

"이사는 야망이 크지. 진나라로 갔을 게다. 시세를 읽고 곧바로 달려갔구나. 초나라는 이사를 담기에 좁다. 중원은 이제 어찌 될는지……."

순자가 숨을 길게 내쉬는데 순간 독침이 날아들었다. 살짝 고개를 젖혀 피했다. 병풍에 바늘이 꽂혔다. 한비가 몸을 돌려 재빨리 놈을 쫓았다. 검은 옷을 입은 자객이 날쌔게 달아났다. 몸놀림이 가볍고 날렵했다. 한비가 담장에 섰을 땐 이미 시야에서 저만치 사라진 뒤였다.

한비가 돌아와 스승 앞에 앉았다.

"어느 문파 같더냐?"

"자세히 모르겠으나 옷이 온통 검었고, 걸음이 예사롭지 않았습니다. 여느 도관의 무공은 아닌 듯 보입니다."

"검은색이라."

"무언가 짚이시는 게."

"진나라 장양왕(莊襄王) 휘하 여불위(呂不韋)가 보냈을 거다."

"어찌하여?"

"아군으로 품지 못할 바에야 죽이는 것이 상책이니까. 내 저들이 불러서 잠시 진나라에 갔다 왔지."

"검은색만으로."

한비는 말을 짧게 했다. 태어나면서부터 말을 더듬어서 길게 잇지 않는 게 버릇이다.

"선대인 주(周)나라가 불을 숭상했지. 저들은 그 불길을 제압하려 물을 받드는 거야. 물은 불을 이기는 상극의 원리이니까. 물빛이 검으니 옷도 검은색으로 입은 것이 아니더냐?"

순자는 말을 끝내고 병풍에 박힌 침을 뽑아 먹이를 쪼는 닭을 향해 손가락으로 가볍게 튕겼다. 닭은 외마디 비명도 없이 숨이 끊어졌다.

"독을 썼구나!"

"저들은 이미 서주(西周)[1]를 멸하고 구정(九鼎)[2]을 취해 갔다고 합니다(기원전 225년)."

"천자의 상징이 저들 손에 들어갔구나. 저들은 오래전부터 중원을 넘보고 있었다. 진나라 효공(孝公)이 상앙(商鞅)이라는 변법술사(變法術士)[3]를 등용하면서부터이니, 100년가량 조용히 때를 기다린 게로구나. 저들의 욕심이 무섭다."

"무왕(武王)이 주나라를 세울 때 제후가 다스리던 나라가 얼마 되지 않았는데 조금 지나 25국으로 나뉘었습니다. 헌데 이제 다시 진(秦), 연(燕), 제(齊), 초(楚), 한(韓), 위(魏), 조(趙) 7국만 남았습니다. 천하는 어느 한 곳으로 정해지겠지요."

"추(鄒)나라 맹자가 말했듯 천하를 통일해야 하는 것은 정해진 이치이나 저들은 너무 잔혹하다. 몇 해 전 진나라 장수 백기(白起)가 장평에서 이미 항복한 병사 40만 명을 생매장한 일도 있다."

"스승님께선 인간의 본성은 악해 엄히 다스려야 한다고 늘 말씀하시지 않았습니까?"

한비는 스승을 쳐다봤다. 얼굴빛이 어둡고 근심이 어려 있는 한편, 무언가 결심한 듯 눈빛에는 결기가 서려 있었다. 잠시 정적이 흐르고 화로에서 요란하게 물이 끓었다. 순자는 찻잔에 뜨거운 물을 천천히 따랐다. 섬세한 손길 마디마디에 절도가 배어 있었다.

"이로운 것을 탐하고 해로운 것을 싫어하는 것이 인간의 본성이나, 인간은 공부하고 생각할 수 있는 능력이 있지 않더냐? 짐승과 인간의 차이이지. 욕망을 그대로 둔다면 사람은 제 욕심을 채우려 들 뿐이다. 물자는 적고 욕심은 크니, 다툼과 살상이 그치지 않겠지. 그 욕망을 다스려야 한다. 인간은 전쟁보다 평화가 더 이롭다는 것 정도는 잘 알고 있으니 말이다."

'생각하고 또 생각하라!' 한비는 스승이 외동딸 이름을 왜 '려려(慮慮)'라고 지었는지 어렴풋이 알 것 같았다. 간밤에 어른거리던 그림자는 려려였을까? 그림자는 한비의 방문 앞에서 몇 번을 서성거리다 사라졌다. 방문 밖에 남았던 향기가 떠올라 한비는 지그시 눈을 감았다.

“나는 무공을 그만둘 작정이다.”

“예?”

한비가 놀라 찻잔을 떨어뜨렸다.

“강호를 떠나 글을 쓸 작정이다.”

순자의 성긴 수염이 바람결에 가볍게 날렸다. 순자가 다시 말을 이었다.

“무(武)는 몸을 지킬 수 있으나 천하를 다스릴 수 없다.”

“스승님을 노리는 적이 곳곳에 있는데, 어찌…….”

“나는 천하를 저버릴 수 없다. 무는 잠시지만 문(文)은 길고 영원하다. 한비야, 너는 어디로 가려느냐?”

한비는 스승의 마음을 읽었다. 순자는 떠나라고 하지 않고 어디로 가겠느냐고 물었다. 이미 마음을 정한 것이다. 스승을 찾아 한나라에서 초나라까지 한걸음에 달려온 지 몇 해던가. 한비는 한 나라의 왕자로서 누리던 호사를 마다하고 고난의 길을 택했다. 춘추 시대를 걸쳐 전국 시대까지 길고 길었던 이 전쟁을 어떻게든 끝내고 싶었다. 조국 한나라의 운명도 강적 진나라가 호시탐탐 노리고 있어 바람에 흔들리는 촛불 같았다. 혼란의 시대, 무가 아니면 무엇으로 전란의 불길을 막는단 말인가? 한비는 머뭇거렸다.

“스승님 곁을 떠나면 어디로 가야 할지 막막합니다.”

“도관은 곧 닫는다.”

봄 끝에 몇 잎 남은 벚꽃이 잔바람에 휘날렸다. 차 향기가 짙었다. 순자는 미동하지 않고 눈을 지그시 감았다. 눈매가 엷게 떨렸다.

“조국은 풍전등화 같은데 제 눈은 어둡고 손은 여전히 무딥니다. 무공을 더 쌓아야 하는데, 스승님이 아니면 누가!”

“천하는 넓고 호걸은 많다. 네 한 몸으로 천하를 짊어지려 하지 마라! 생각이 태산보다 무겁구나.”

순자가 소매에서 무언가를 꺼냈다. 그것은 비단에 싸여 있었다. 순자가 이내 책상 위에 풀어놓았다.

검날에 푸른빛이 감도는 단도였다. 검은 햇빛을 받아 반짝 빛났다. 책상에 부딪치자 맑고 투명한 소리가 났다. 검 손잡이에 막야(鏌鋣)라고 작게 쓰여 있었다.

“네가 가지고 가거라. 나는 이제 필요 없다. 여인의 한이 서린 명검이지. 내가 제나라에서 벼슬할 때, 양왕이 선물로 보내왔다. 오(吳)왕 합려(闔廬)가 명인, 간장(干將)을 시켜 만든 검이라고 들었다. 이리저리 돌고 돌았던 모양이다. 네가 내 길을 잇도록 해라.”

“말씀 받들겠습니다.”

한비는 거부할 수 없는 운명을 직감했다. 스승은 이미 강호에 마음을 접었고, 총애하던 제자 이사는 딸과 돌아올 수 없는 길을 떠났으니 자신만 남았다.

"칼은 천하 만물을 베지만 제 몸은 베지 못한다."

"무슨 말씀이신지?"

"차차 깨닫겠지. 너는 재주가 너무 밝아 걱정이다. 빛을 감추고 자신을 숨겨라."

한비는 숨이 차올랐다. 크고 험한 산 앞에 선 듯 스승은 여전히 높고 아득하다. 어두운 길을 이제 혼자 헤쳐 가야 한다.

"주나라 옛터를 먼저 둘러볼까 합니다만……."

한비는 허리를 꼿꼿이 세우고 어깨를 추슬렀다. 오뚝한 콧날에 땀이 배어나고 눈동자는 눈물이 어린 듯 빛났다.

"노자가 남긴 자취라도 더듬으려는 게냐?"

"그분은 한때 절세 무공으로 천하에 군림하지 않았습니까?"

"그가 말한 허(虛)와 정(靜)은 쓸 만한 개념이지."

스승은 늘 찬찬히 자세히 일러 주었다. 오늘은 말이 간결하지만, 의미는 평소보다 깊었다. 한비는 갸우뚱했다.

"네 혈기로는 아직 섣부르다. 노자의 술을 익히기엔 역부족이지. 더 수련해야 한다. 부단히 노력해라. 저 푸른 물감을 보아라. 청출어람(青出於藍), 쪽에서 물감을 짜냈지만 쪽보다 더 푸르지 않더냐. 빙한어수(氷寒於水), 저 얼음을 보아라. 얼음은 물에서 얼었지만 물보다 더 차지 않더냐? 그러니 네가 나보다 나아야 하지 않겠느냐?"

"청출어람, 빙한어수. 깊이 새기겠습니다."

"인간의 본성은 비록 악하나 가능성은 무한하다. 어떻게 단련하느냐에 달려 있다. 나무는 먹줄을 대야 바르게 자를 수 있고, 쇠는 숫돌에 갈아야 날카로워진다. 사람도 배우고 익혀야 비로소 바른길을 갈 수 있다. 너는 법을 배우고 술을 익혀 먹줄이 되고 숫돌이 되어라. 눈앞에 있는 것만 보지 말고 멀리 보도록 해라. 이사와 너는 길이 다르다."

시중 드는 아이(사동)가 점심이 준비되었다고 몇 번이나 부르러 왔지만, 한비는 허기를 느끼지 못했다. 스승의 말이 무거웠기 때문이다. 꽉 쥔 주먹이 펴지지 않았다. 스승은 내공을 다 쏟아붓듯 한마디 한마디에 힘을 실었다. 한비는 단전의 호흡을 다스리며 고쳐 앉았다.

"네가 마지막 할 일이 있다. 내 무공을 네가 끊어라. 때가 되었다. 일어서거라!"

순자는 미리 터를 봐 두었다. 언젠가는 세상과 인연을 끊고 여생을 집필하며 보내겠다고 다짐했다. 인적이 드문 산속에 토굴을 짓고 밖으로 드나드는 문을 흙으로 막을 작정이었다. 한비가 순자의 혈자리[4] 두 곳을 눌렀다. 이곳을 누르면 두 번 다시 무공을 쓸 수 없다. 그동안 단련된 맑은 기운이 스승의 몸에서 흘러나오는 듯했다. 순자가 토굴로 들어가자 한비는 음식이 들어갈 작은 구멍만 남겨 두고 유일한 출입구를 막았다. 그리고 큰 바위를 가볍게 들어 올려 출입구 앞에 사뿐히 내려놓았다.

한비는 토굴 앞에서 큰절을 올리고 한참을 앉았다가 일어섰다. 하산하는 발걸음이 무거웠다. '스승님은 왜 갑자기 이사와 려려, 나를 내치시는 것일까?' 한비는 심한 갈증을 느꼈다. 해가 뉘엿뉘엿 산 뒤로 넘어가고 어둠이 조금씩 밀려들었다. 살쾡이와 여우가 눈을 반짝였다. 한비는 한참을 돌고 돌아 산에서 내려와 짐을 꾸렸다. 단도를 품고 집을 나서려다 려려가 지내던 방 앞에 잠시 멈췄다. 려려의 물건이 그대로 있었다. 간밤에 급히 짐을 꾸렸을 텐데도 흐트러지지 않고 평소처럼 정리되어 있었다. 려려의 향기가 코끝을 스치자 한비는 뜨거운 것이 울컥 올라와 고개를 세차게 저었다.

[1] 기원전 11세기 설립되어 기원전 771년 수도를 서안(西安)에서 낙양(洛陽)으로 옮기기 전의 주.

[2] 중국 하나라 우왕이 아홉 개의 주에서 금을 거두어 만든 큰 솥을 말함. 하나라와 은나라 이래 천자에게 전해 내려오는 귀중한 보물로, 궁중에 보관하였다고 전해진다. 천하를 상징하기도 함.

[3] 법을 만드는 사람.

[4] 사람 몸에서 기가 흐르는 길로, 한의학에서는 이곳에 침을 놓거나 뜸을 뜨기도 한다.

2

뜻을 펼칠 곳을 찾다

한비가 도관을 떠나오기 며칠 전은 봄의 절정이었다. 물오른 버들가지는 휘어지고, 복사꽃은 깊은 산속에서 소리 없이 피었다가 졌다. 수유재 담장 너머 살구꽃이 속살을 터뜨리자 글을 읽던 제자들은 모두 탄성을 질렀다. 스승은 한참 바라보다 넋을 잃은 제자들을 돌아보았다.

"곱구나! 고와. 허나, 공부는 마쳐야지. 외물에 마음을 빼앗기지 말고 마음이 저 외물 위에 서야 한다. 그런 경지에 오르려면 먼저 배워야 한다. 혼자 종일 생각해 보아야 잠시 배우느니만 못하니라. 산에 오르면 더 멀리 보이고 바람을 타면 소리가 더 멀리 간다. 군자나 필부나 모두 타고난 자질은 똑같다. 마음 밖의 사물을 어떻게 다스리느냐에 따라 달라진다. 내 그래서 학사 이름을 수유재(須臾齋)[5]라 지었거늘."

그러나 제자들은 스승 말을 듣지 않았다. 려려가 꽃을 꺾으며 노래를 흥얼거렸다.

관관저구(關關雎鳩)　　물수리 꾸우꾸우
재하지주(在河之洲)　　강가의 모래섬에 우네
요조숙녀(窈窕淑女)　　요조숙녀
군자호구(君子好逑)　　군자의 좋은 짝이로다.

순자는 책을 덮고 제자들을 물끄러미 내려다보았다. 마음이 한번 달아나자 좀체 돌아올 기미가 없었다. 이사가 틈을 엿보고는 호수로 소풍 가자고 부추겼다. 이사는 판단이 빠르고 행동도 과감했다. 반면, 한비는 이론에 밝고 문장도 좋았지만 너무 신중해 행동이 늦었다. 한비는 결단력 있는 이사를 부러워했고, 이사는 한비의 글을 몰래 시기했다. 이사는 려려에게 같이 가자고 했다. 려려는 단장을 마치고 이미 기다리고 있었다.

호수는 얼음이 녹아 맑았고 짙은 봄 내음이 났다. 술이 몇 잔 돌자 봄바람에 취기가 올라 려려의 볼은 복숭아보다 더 붉어졌다. 이사는 호기를 부렸다.

"여기가 오왕 부차(夫差)[6]가 서시(西施)[7]와 놀던 곳이구나! 일세를 풍미한 영웅과 절세미인이라."

이사가 한비에게 술을 권했다. 술의 맑은 향이 은은하게 퍼졌다. 려려도 입술을 적셨다.

"서시가 한창일 때 여기서 빨래하면 물고기가 그 미모에 홀려 헤

엄치는 것도 잊고 가라앉았다 하더군."

한비가 옛일을 들며 분위기를 끌어 보았다.

"그래서 생긴 말이 침어(沈魚)지. 나도 그 정도는 아네!"

이사는 시큰둥하게 말을 받았다. 한비가 려려를 바라보자, 려려는 수줍은 듯 고개를 숙였다. 검은 귀밑머리 아래 흰 살이 투명했다.

"이사, 효빈(效顰)도 아는가?"

한비는 다그치듯 이사에게 물었다.

"글쎄, 어디서 들은 것도 같고."

이사는 못마땅했다. 힘자랑하듯 학식을 뽐내려는 한비가 싫었다.

"서시가 가슴앓이 병이 있어 눈살을 자주 찌푸렸다네. 그 모습이 매우 예뻐 마을에 못생긴 아가씨가 따라 했다네. 추녀가 얼굴까지 찌푸리니, 동네 남정네들이 집 팔고 이사 갔다고 하지. 효빈은 눈살을 찌푸리는 것을 따라 한다는 뜻이네."

이사가 술잔을 집어 물속으로 던지자 물고기 한 마리가 술잔을 맞고는 수면으로 떠올랐다. 한비는 술잔을 던져 물수제비를 떴다. 술잔은 팽팽 날아가서는 호숫가 버드나무에 꽂혔다. 두 사내가 팽팽히 맞서는 틈에서 려려가 웃었다.

"내가 어떻게 스승님 문하로 들어온지 아는가?"

이사는 한비처럼 내세울 만한 출신이 아니라서 자신의 이야기를 잘 꺼내지 않았다. 한비가 잘난 체하는 것 같아 이사는 화제를 돌리려 했다.

“하남 상채에서 벼슬할 때였지.”

한비도 려려도 처음 듣는 이야기였다. 비파를 켜던 려려의 손이 멈추었다. 려려가 바짝 다가앉았다.

“그때만 해도 미관말직이라 관청 청소를 맡았지. 하루는 측간에 들어갔는데 쥐가 날 보자 잽싸게 도망을 치더군. 또 하루는 곡식 창고에 들어갔는데 그 쥐는 배불리 먹으면서도 날 보고 도망치지 않았네. 그때 깨달았지. 사람도 환경에 따라 바뀐다는 것을. 어질고 그렇지 않은 것은 자질이 아니라 처한 환경 탓이란 말일세. 그러다 강호에 명성이 자자한 스승님의 말씀을 주워들었지. ‘삼대 밭에서 자라는 쑥은 잡아 주지 않아도 곧게 자라고, 흰 모래도 진흙탕 속에 넣으면 모두가 검어진다.’ 무릎을 쳤지. 때마침 춘신군이 스승님을 초빙해 초나라로 온다는 소문이 있었고, 나는 그날로 바로 사직서를 냈다네. 큰 나무는 그늘도 크게 지는 법이거든.”

이사는 말을 끝낸 후, 뱃머리를 딛고 사뿐 날아올라서 꽃을 꺾어 려려에게 주었다. 뱃전이 가볍게 흔들렸다.

“만약 스승님보다 더 큰 나무가 있다면?”

한비가 정곡을 찌르자 이사는 멈칫했다.

“이 호수는 아름답지만, 바다에 비하면?”

왕자인 한비는 더 올라갈 곳이 없었지만, 출신이 미천한 이사는 욕망이 컸다. 부와 권력을 다 갖고 싶어 했다. 중원에 비하면 지금 머문 초나라 난릉현은 시골이나 마찬가지였다. 이사는 더 큰 무대를 필요로 했다. 려려가 비파를 잡고 다시 노래를 불렀다. 둑길에는 아지랑이가 피어오르고 호수에는 잔물결이 일었다. 려려의 낭랑한 목소리가 허공으로 사라졌다.

밤늦게 수유재로 올라서는데 대청에 불이 밝았다. 순자를 중심으로 제자 여럿이 모여 수군거리고 있었다. 한비와 이사는 려려와 함께 외출해서는 늦게 돌아온 탓인가 싶었다. 한비와 이사가 조용히 자리를 메우자, 순자가 입을 열었다.

"진나라 장양왕이 죽었다. 태자 영정은 열두 살. 이런 상황이라면 권력은 승상 여불위가 쥘 것이다. 여불위는 영정의 친아버지라는 소문도 있다. 조나라의 장사치였던 그가 이제 대권을 잡았다. 진나라를 차지했으니 다음은 어디겠는가? 천하다. 우리 문파는 물론이거니와 초나라도 위태롭다. 여불위는 한 손으로는 강호를 제압하려 들 것이며, 다른 한 손으로는 나라를 삼키려 들 것이다. 그가 거느린 자객과 책사만 수십만이 된다고 한다."

모두 웅성거리는데 이사만 엷게 웃었다. 한비는 진나라 가까이에 있는 조국 한나라가 걱정됐다. 왕실은 나라와 운명을 같이하지 않던가! 진나라 군대는 잔인해서 한나라가 항복해도 왕실과 인척의 목숨이 위태롭다. 스승은 여불위가 권력을 잡고 있는 진나라의 형법이 엄하고, 인성이 순화되지 못해 그렇다고 늘 비판하며 걱정했다.

"진나라가 천하를 잡으면 인심은 더 흉흉해질 것이다. 형벌이 가혹하면 잠시 효과는 있겠지만, 근본은 바뀌지 않는다. 그다음엔 더 큰 혼란이 오지. 인간은 예(禮)와 악(樂)으로 교화해야 한다. 여불위는 그런 그릇이 아니다."

"하오면 강호가 연합하여 여불위를 없애야 하지 않겠습니까?"

초나라 출신 오규가 말했다.

"피는 또 다른 피를 부를 뿐."

순자는 고개를 저으며 눈을 감았다.

"차라리 진나라가 천하를 차지해 전쟁이 사라지는 것도 방편이지 않습니까?"

이사의 말에 순자는 감았던 눈을 떴다.

"임시방편으로 문제를 해결하면 이후에 똑같은 문제가 생긴다. 역사가 반복하지 않았더냐?"

"근본으로 가는 길이 멀고 험합니다. 하늘의 이치는 멀고 사람의 욕심은 가깝습니다. 저들을 상벌로 다스리지 않으면 천하는 늘 혼란을 거듭하지 않겠습니까?"

제나라 신양이다.

"그 역시 잠시 사는 길이다."

"현명한 군주가 법을 반듯하게 세우고, 통치술을 익혀 신하를 제압하고, 백성을 형벌로 다스리면 어떻겠습니까?"

한비가 나섰다. 좀체 의견을 말하지 않는 편이나 이번 일은 자신의 친인척의 목숨이 왔다 갔다 하는 일이었다.

"현명한 군주가 자주 나오더냐! 세상엔 문왕(文王)[8] 같은 어진 왕보다 걸주[9] 같은 폭군이 많지 않더냐?"

"하오면, 저 성난 파도 같은 기세를 어찌 막을 수 있겠습니까?"

한나라 신림이다.

"성난 파도는 언젠가 가라앉는다. 사람에게는 잠시 사는 길과 영원히 사는 길이 있다. 길은 모두에게 열려 있지. 어느 길을 가든 네 의지이다. 오늘은 들어가 쉬어라."

한비는 밤늦도록 잠을 이루지 못했다. 진나라는 먼 나라와 화친하고 가까운 나라를 공격하는 정책을 쓰므로 조국 한나라를 먼저 칠 것이다. 그럼 부왕과 형제는 어떻게 될까? 전란에 시달리는 백성은 또 어찌 될는지……. 진나라는 위세를 떨치고 중원에 공포를 각인시키려 한나라를 무참히 짓밟을 것이다. 한비는 일어나 앉아 자세를 바로잡고 호흡을 다스렸지만, 숨이 가삐 차올랐다.

스승 방에서 불 켜는 소리가 들렸다. 드문 일이었다. 행여 자객이 아닐까 하여 일어서려다 이사 목소리를 듣고 다시 누웠다. 이사가 중대 결심을 한 모양이었다.

"진나라는 소양왕부터 장양왕까지 3대에 걸쳐 전쟁에서 모두 이겼습니다. 하지만 진나라의 군사력이 막강해진 것은 사부께서 말씀하시는 인의로 정치한 것이 아니라, 변법술사를 등용해 엄격한 법으로 나라를 다스리고 재정을 비축하면서 군대를 양성한 결과가 아닙니까?"

"너는 작은 것만 보고 있다. 내가 말하는 인의(仁義)는 큰길이다. 인의가 정치의 바른길이다. 군주가 인의로 백성을 다스리면 백성은 군주를 어버이처럼 여기고, 군주를 위해 기꺼이 목숨을 내놓는다. 장수 몇 명을 다스리는 게 근본은 아니다. 진나라는 3대에 걸쳐 전쟁에서 이겼지만, 천하가 연합하여 협공할까 늘 두려워한다. 줄기가 튼튼하지 못하고 잔가지만 무성하지. 명나라 탕왕(湯王)[10]이 걸왕을 처벌한 것이 아니며, 무왕이 주왕을 하루아침에 몰아낸 것도 아니다. 걸주가 폭정할 때부터 이미 토벌이 시작되었다. 뿌리를 키우지 않고 열매만 거두려는 게냐? 그러면 세상은 늘 어지러울 뿐이다."

"당장 저들의 말발굽이 천하를 짓밟을 것입니다. 사내는 전장에서 죽고, 아낙은 겁탈당하며, 아이는 굶주려 죽어 가는데 근본은 어디 있습니까?"

"뿌리가 서지 않으면 모든 것이 무너진다. 환부를 도려내도 썩은 살은 치료되지 않는다. 뿌리를 치료해야 한다."

순자와 이사는 물러서지 않고 팽팽히 맞섰다. 한비는 누구 말이 옳은지 선뜻 판단할 수 없었다. 근본을 세우자는 스승의 말도, 우선 전쟁을 막아야 한다는 이사의 말도 모두 옳은 것 같았다. 무엇이 근본이고, 무엇이 말단이란 말인가?

"전쟁은 전쟁으로 막아야 합니다. 칼과 창 앞에 인의는 방패가 될 수 없습니다. 진나라가 천하를 통일하면 전쟁이 끝나지 않겠습니까?"

"이리를 쫓으려 호랑이를 부르겠단 말인가? 이리는 달아나겠지만, 호랑이는 남아서 너를 잡아먹을 것이다."

날 선 긴장 틈으로 등잔 심지만 타들어 갔다. 침묵이 길게 흘렀다. 한 시각이 흘렀을까? 한비도 신경이 곤두섰다. 이사는 스승이 가르친 제왕학을 거부했다. 야망을 채우려는 욕심 탓일까? 전쟁을 끝내고 평화를 갈구하는 염원일까? 기름이 떨어져 불꽃이 점점 사그라지더니 흔들리다 이내 꺼졌다. 창이 차츰 밝아 오자 이사는 벌떡 일어나 큰절을 했다.

"스승님께서는 '때를 놓치지 말라'고 하셨습니다. 지금 천하는 생사를 걸고 전쟁을 치르며, 인재를 다투어 초빙합니다. 저 같은 미천한 신분에는 더할 나위 없는 기회이지요. 여불위에겐 천하를 다스릴 지략은 없으나 천하 정세를 살피는 뛰어난 안목이 있습니다. 진왕 영정은 어리나 총명하다고 들었습니다. 여불위와 진왕을 설득해 이 전쟁을 막아 보겠습니다. 글을 배우고 무를 익혀 세상에 쓰지 않는다면 무슨 소용이 있겠습니까?"

수탉이 홰를 길게 치며 새벽을 알리자 이사는 자리를 털고 일어섰다. 여명이 스며들어 방안이 조금 밝아졌다. 순자가 이사에게 비단 두루마기를 던져 주었다.

"위나라 이회(李悝)[11]가 쓴《법경(法經)》이다. 네가 갖고 가거라. 《손빈병법》도 가져라. 네 공부가 더 깊었으면 천명도 다하고 천하가 크게 쓸 것을……. 과녁이 서면 화살이 날아오고, 숲이 무성하면 도끼질 당한다. 표적이 되지 마라. 세상 만물은 성하면 반드시 쇠락한다는 진리를 잊지 마라."

그날 이후 이사는 자기 방에서 나오지 않았다. 려려는 아버지와 이사 사이를 왔다 갔다 했다. 려려가 아버지 방에서 울고 나왔을 때, 한비는 려려를 마지막으로 보았다. 한비가 소매를 잡았지만, 려려가 뿌리쳤다.

한비는 수유재 현판을 한 번 더 돌아보았다. 스승의 글씨는 담백했다. 기교가 없고 소박하지만, 힘이 넘쳤다.

'왜 스승님은 이사에게는 책을, 나에게는 칼을 주셨을까?'

[5] 몸과 마음을 깨끗이 하다.

[6] 아버지가 월나라 왕 구천에게 패해 죽자 월나라에 복수했다. 책사 오자서가 구천을 죽여야 한다고 했으나 듣지 않아 결국 월나라의 공격으로 오나라는 망했다.

[7] 중국 4대 미녀 중 한 명으로 꼽히는 춘추 시대 월나라 미녀. 부차에게 접근하여 오나라를 멸망시켰다.

[8] 주나라의 기초를 닦은 왕.

[9] 중국 하나라의 걸왕(桀王)과 은나라의 주왕(紂王)을 함께 일컫는 말. 포악한 임금의 대명사로 쓰인다.

[10] 중국 고대 상나라를 세운 왕. 폭군 걸왕을 폐위 시키고, 제도와 전례를 정비했으며 13년간 나라를 다스렸다.

[11] 중국 전국 시대 위나라 사람으로 문후(文侯)를 섬겼다. 상평창을 처음으로 창설하여 나라를 부강하게 했으며, 중국 형법의 모체가 된 《법경육편(法經六篇)》을 편찬했다.

3

보물이 될 인재를 알아보다

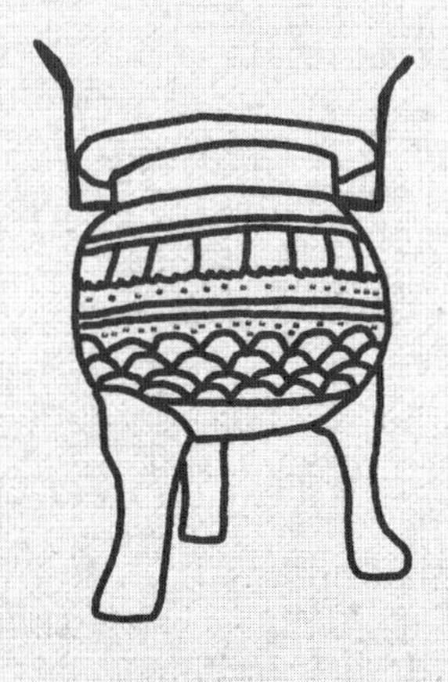

여불위는 상인이라는 말이 못마땅했다. 상인(商人)은 망한 상(商)나라 백성을 가리키는 말이다. 주나라 무왕이 상나라를 멸망시키자 삶의 터전을 잃은 백성은 날품을 팔거나 땔감을 팔아 겨우 연명했다. 힘이 부치는 아낙은 삯바느질하거나 빨래를 해 주고 어린 것들을 먹여 살렸다. 그마저 일이 없으면 맨발로 소금을 팔러 다녔다. 주나라 사람은 이들을 멸시했다. 여불위는 조나라 수도 한단에서 아버지보다 돈을 많이 벌었지만, 상인이라는 굴레가 싫었다. 왕의 사람이 되면 권력과 돈을 모두 가질 수 있다. 여불위는 큰 상인답게 권력이 돈을 부른다는 것을 깨달았다. 싼 물건을 찾으러 천하를 떠돌아서 남보다 빨리 정보를 입수했고, 사람이나 물건 보는 안목이 뛰어났다. 상인과 보부상 대부분이 여불위의 정보원이나 다름없었다. 거미줄처럼 뻗어 있는 정보원을 활용한 덕분에 여불위는 진나라 조정 상황을 손바닥처럼 훤히 볼 수 있었다. 그러다가 진나라 왕자 이인(異人)이 조나라에 인질로 왔는데, 가난하게 산다는 정보를 얻었다. 여불위는 이인 쪽에 사람을 보내고 급히 아버지를 찾아갔다. 아버지는 여불위에게 장사를 가르쳐 준 스승이기도 했다.

"곡물 장사는 이익을 몇 배 남깁니까?"

"열 배."

"보석 장사는 어떻습니까?"

"백 배."

"왕을 세우면 이익이 어느 정도이겠습니까?"

"헤아릴 수 없다."

"애써 농사짓거나 힘들게 장사해도 먹고살기 어렵습니다. 나라를 세우고 임금을 만들면 자손 대대로 편히 살 수 있지요. 저는 이제 진정 큰 장사를 하려 합니다."

여불위는 이인을 찾아가면서 혼자 중얼거렸다.

"진귀한 재화는 차지하는 것이 좋다. 언젠간 소중한 보물이 되겠지."

이인의 아버지는 안국군(安國君)이다. 안국군은 소양왕(昭襄王)의 둘째 아들인데, 태자가 죽자 왕위 계승 서열 1순위가 되었다. 안국군은 하희를 사랑해 이인을 낳았지만, 차츰 사랑이 식었다. 그러고는 첫 부인 화양에 대한 사랑이 다시 타올랐다. 하지만 화양 부인에게는 자식이 없었다. 어머니, 하희가 새 태자인 안국군의 눈에서 멀어지자 이인도 세력을 잃었다. 더군다나 배다른 형도 있어 이인이 왕위에 오를 가망은 거의 없었다. 더군다나 진나라에서 생활비도 보내 주지 않을 만큼 관심에서 밀려나 있었다. 여불위는 남들이 알아보지 못하는 보물을 발견했다고 생각했다.

이인은 사동 하나를 데리고 두 칸짜리 초가에서 살고 있었다. 흙벽은 비에 젖어 곰팡이가 피었고, 거친 삼베로 지은 옷은 기운 자국으로 너덜너덜했다. 여불위는 옥으로 정교하게 빚은 세 발 솥을 책상에 사뿐 내려놓더니 솥 다리를 손으로 쳐냈다.

"제가, 이 다리가 되어 드리겠습니다."

이인은 물러섰다.

"우선 그대나 챙기시구려."

"세 발 솥은 천자의 상징입니다. 제게 왕자께서 천하를 차지하실 묘책이 있습니다."

이 말에 이인이 주위를 두리번거리며 여불위에게 바짝 다가앉았다. 여불위가 귓속말로 나직이 속삭였다.

"소양왕이 연로하시니 다음 차례는 안국군입니다. 화양 부인은 자식이 없으니 만약에 화양 부인께서 왕자님을 양자로 삼으시면……."

이인의 얼굴이 밝아졌다.

"그러나 이 몸은 인질, 세력도 자금도 없소."

"돈이라면 제게 한단을 살 만큼 있으니, 왕자께서는 두루 사람을 사귀면서 힘을 기르고 계십시오. 제가 진나라로 가서 일을 도모하겠습니다."

여불위는 전 재산의 반인 500금을 내놓았다. 이인은 인재를 모으고 빈객을 만났다. 강호 사람도 드나들었다. 여불위는 곧장 서쪽 함양으로 말을 몰았다. 진나라에 닿자마자 화양 부인에게 진귀한 패물을 잔뜩 보내고는 기회를 엿보다 화양 부인을 직접 만났다.

"이인은 인품이 넉넉하며 재주가 뛰어납니다. 천하 인재를 두루 만나면서 진나라를 위해 몸을 사리지 않지요. 태자와 부인을 생각하며 울며 밤을 지새운다고 합니다."

이미 보석에 넋을 잃은 화양 부인은 왕자의 마음마저 받았다고 생각하곤 눈물을 흘렸다.

여불위는 때를 놓치지 않고 화양 부인의 언니를 포섭했다.

"화양, 예뻐서 받은 사랑은 늙으면 식게 마련이오. 지금 태자가 화양을 몹시 사랑하나 세월은 쏜살같다오. 기댈 곳이 있어야 해요. 안국군께 양자를 들이겠다고 해요. 고운 얼굴이 시들면 말할 기회조차 없어요. 말 한마디로 천금을 얻는다 하지 않습니까? 양자로 이인이 좋아요. 늘 화양을 생각한다잖아요. 지금 궁중에 있는 왕자는 나중에 저 잘난 줄 알아 화양을 우습게 알겠지만, 이인처럼 어려운 이를 도와주면 그 덕은 평생 갈 것입니다."

그날 밤 화양은 침실에서 울며 안국군을 맞았다.

"부인, 왜 그러시오."

"저에게 아들이 없으니, 태자께서 안 계시면 누가 절 보살피겠습니까?"

화양이 더 크게 울었다.

안국군은 안절부절못하다 어떻게 했으면 좋겠느냐고 물었다.

"이인이 어질고 재주가 있다 하옵니다. 그 애를 양자로 들이고 싶어요."

안국군은 아직 보위에 오르지 못해 다음을 생각할 여력이 없었다. 그러나 소양왕이 더 살면 자기 차례가 오지 않을지도 몰랐다. 보위를 둘러싼 골육상잔을 피하려면 미리 후계자를 세워 두어야 할 것 같았다. 또 사랑하는 여인의 청을 들어주고도 싶었다.

"그렇게 하시오."

안국군은 증표로 옥을 쪼개 반쪽을 주었다.

일이 거의 성사되었다. 여불위는 급히 조나라로 파발마를 띄웠고, 한단에 도착하자마자 잔치를 성대하게 열었다. 술과 음식을 아끼지 말라 이르고 하인들 옷매무시도 단정히 하라고 성화를 부렸다. 그러고는 애첩 조희(趙嬉)를 몰래 처소로 불렀다. 조희는 귀족의 딸로 글도 배웠고 교양도 남달랐지만, 집안이 몰락하여 여불위가 100금을 주고 사 왔다. 여불위는 조희에게 무어라고 은밀히 속삭였다. 조희가 짧게 울다가 그치자 여불위는 고개를 몇 번 끄덕이고는 밖으로 나왔다.

그날, 연회에는 조나라에서 내로라하는 사람은 다 모였다. 이인이 안국군의 적자가 되었다는 소문이 이미 한단에 쫙 퍼졌다. 천하는 진나라의 행보에 촉각을 곤두세우고 있었다.

이인이 일어나 축배를 제의했다.

"여불위 대상께서 만수무강하시길 바라오."

이인은 한껏 들떠 있었다. 이제 인질이라고 천대받지 않아도 되었다. 조나라 대신이 모두 자신에게 머리를 조아리고 한 마디라도 건네려고 안달복달했다. 상석에 앉은 여불위는 웃음을 감추지 못하면서도 짐짓 태연한 척했다.

"이제 시작에 불과합니다, 대왕!"

좌중은 깜짝 놀랐다. 소양왕이 아직 건강하게 살아 있는데 대놓고 대왕 운운한 것이 소문나면 역적으로 몰릴 수도 있었다. 여불위는 능력을 뽐내면서 일부러 이인의 위상을 높였다. 이제 조나라가 이인을 달리 대할 것이었다.

"무슨, 말씀을 거둬 주시오. 진나라에서 알면 내 목이 열 개라도 모자라오."

이인은 손사래를 쳤지만 싫지 않은 표정이었다.

"누가 이 일을 입 밖에 내겠소? 한자리에 앉아 같이 마시고 천하를 도모했는데, 안 그렇소? 대공들."

약속이나 한 듯 헛기침이 쏟아졌다. 자칫 진나라 소양왕의 분노를 사 조나라가 위험에 빠질 수도 있었다. 장평에서 패배한 아픔도 떠올랐다. 여불위는 가라앉은 분위기를 바꾸려 하인을 큰 소리로 불렀다.

"여봐라, 곰 요리를 내오너라."

마치 준비하고 있었다는 듯이 조희가 은쟁반에 요리를 내왔다. 조희가 등장하자 갑자기 주위가 환해졌다. 이인은 입을 벌린 채 넋을 잃고 조희를 바라보았다. '선녀가 있다면 저런 모습일까?' 조희가 사뿐사뿐 걸을 때마다 향기가 진동했다. 피부가 희어 붉고 도톰한 입술이 도드라졌다. 긴 목덜미로 흘러내린 머리카락 몇 올을 조용히 묶어 올리는 손가락은 희고 길었고, 손톱은 등잔 빛을 받아 투명하게 빛났다.

여불위는 조희에게서 눈을 떼지 못하는 이인의 모습을 몰래 살폈다. 입가에 음흉한 웃음이 잔잔히 퍼졌다. 그러고는 술 몇 잔을 거푸 마셨다. 이인도 덩달아 마셨다. 여불위가 취한 척 슬쩍 자리를 피하자 이인도 따라나섰다. 여불위가 자리를 비우자 하인들이 선물 꾸러미를 조나라 대신들에게 한 아름씩 안겼다. 뇌물을 공개적으로 주면서 공범으로 만들어 배신하지 못하도록 할 심산이었다. 이 모두가 미리 짠 각본대로였다.

등잔과 멀어지면서 사람 소리도 줄어들었다. 이인은 등 뒤에서 여불위의 허리춤을 잡았다.

"대상, 저에게 저 여인을 주십시오."

여불위는 놀란 척했다.

"인질을 태자로 만들려 제가 쓴 돈이 얼마인 줄 아십니까?"

"알다마다요."

"지금 재산이 거덜 날 지경이오. 근데 제일 아끼는 첩을 달라고요? 안 될 말씀이오."

돌아서 가려는 여불위를 이인이 한 번 더 잡았다.

"무엇을 드리면 되겠소? 대상께서 아시다시피 난 지금 가진 게 없지 않소."

이인은 무릎만 꿇지 않았을 뿐 거의 매달리다시피 했다. 여불위는 상인이다. 게다가 홍정이라면 도가 튼 천하 거상이 아닌가!

"값을 매길 수 있는 물건이 아니오. 저 애는 내 심장이나 마찬가지입니다."

잡은 손을 놓으면서도 이인의 눈빛은 간절했다. 여불위는 몇 걸음 걷다 다시 돌아봤다.

"그럼 약조를 하시오. 보위에 오르면 승상 자리와 식읍으로 낙양 10만 호[12]를 주겠다고요."

삶이 유한한 인간은 후손을 두어 영원으로 가는 장치를 마련하는 법. 여불위는 이미 조희와 확실한 대책을 마련해 두었지만, 그래도 이인의 마음을 확실히 잡아 두고 싶었다.

"대상이 아니면 이 자리에 서지도 못했소. 또 대상이 가장 아끼시는 여인을 준다면야 식읍 10만 호가 문제겠소? 더한 것도 드리리다."

밖이 요란했다. 손님들이 자리를 뜨기 시작했다. 올 때는 말 한 필만 끌고 왔으나 가는 길에는 두세 마리씩 불었다. 국경 수비를 맡거나 이인을 감시하던 관리는 더 늦게 떠났다. 그들에게는 말 몇 필을 더 주었다. 여불위는 멀리까지 내다보았다.

그날 밤 이인은 조희 처소에 들었다. 조희는 거부하지 않고 순순히 이인을 받아들였다. 조희는 열 달이 채 되지 않아 아들을 낳았다. 정월에 낳아서 이름을 정(政)이라고 지었다. 진나라 왕족의 성씨는 영(嬴)이므로 이 아이의 이름은 영정이다. 그리고 훗날 진시황이 된다. 영정의 출생과 관련된 비밀은 어쩌면 조희만 알지 모른다.

이로부터 3년이 지난 후, 진나라 명장 왕기(王齮)가 한단성을 포위했다. 조나라가 장평에서의 원한을 갚는다는 생각으로 인질인 이인을 죽이려 했기 때문이다. 여불위는 즉각 움직였다. 이미 매수해 둔 관리가 있어 조나라 왕을 쉽게 만났다.

"이인은 진나라에서 아끼는 인물입니다. 태자가 생모는 총애하지 않지만, 태자비인 화양 부인이 이인을 아들로 삼고 싶어 합니다. 지금 이인을 죽여도 아무 득이 없습니다. 진나라가 이미 인질로 보냈는데,

이인 하나 때문에 공격을 멈추지는 않을 것입니다. 오히려 진나라한테 쳐들어올 빌미만 주겠지요. 차라리 돌려보내 왕위에 오르게 하여 훗날을 기약하는 편이 낫습니다. 이인은 은혜를 알아 조나라를 침략하지 않을 것입니다."

일촉즉발 위기를 모면하자 여불위는 곧바로 이인을 진나라로 탈출시켰다. 미리 뇌물을 준 덕분에 무사히 국경을 넘었다. 조희와 아들 정은 친정에서 마련한 은신처로 피신했다. 이인은 진나라에 도착하자마자 바로 화양 부인을 찾아갔다. 이인은 진나라 왕자가 입는 옷이 아닌 초나라 옷을 입었다. 화양 부인이 초나라 출신이기 때문이다. 여불위는 여기까지 계산해 두었다. 화양 부인은 이인이 초나라 옷을 입고 오자 그의 마음 씀씀이에 감동했다.

"어릴 때 인질로 갔을 텐데 내가 초나라 사람인 것을 어찌 알았는고?"

화양 부인은 기뻐하며 정식으로 이인을 양자로 들였다. 이인은 이때부터 이름을 '초(楚)'로 바꿔 자초(子楚)라고 불렸다. '자(子)'는 진나라에서 높여 부를 때 쓰는 글자이다. 이제 안국군이 보위에 오를 일만 남았다.

안국군의 아버지, 소양왕은 진나라 역사상 가장 오랫동안 임금 자리에 있었다. 그는 늙어서도 계속 전쟁을 벌였다. 닥치는 대로 싸웠고, 싸운 곳은 곧 진나라의 땅이 되었다. 진군이 칼을 씻은 강에는 핏물이 넘쳤고, 골짜기는 해골로 메워져 평지가 될 정도였다. 장정은 모두 군대에 끌려가 농사는 걸음마를 막 뗀 어린아이나 지팡이 짚기도 힘겨운 노인이 지었다. 아낙의 손은 점점 거칠어졌다.

자초가 귀국했을 때, 소양왕은 이미 50년이나 진나라를 통치하고 있었다. 그 사이 태자 안국군은 늙어 쉰을 넘겼고, 언제 자리에서 쫓겨날지 몰라 늘 긴장했다. 밤에는 술에 취해 여자를 가까이했고, 그 바람에 자식을 스물이나 두었다. 그래도 늙은 소양왕의 정복욕은 식을 줄 몰랐다. 칼과 창은 날이 갈수록 예리해졌고 병사는 강해졌다. 자초는 안국군의 동태를 살피고 화양 부인을 극진히 모시며 조용히 때를 기다렸다.

그동안 조나라에 있는 조희는 정에게《춘추》를 가르치고 병법을 읽게 했다. 총명한 정은 무엇이든 빨리 깨쳤고, 천하를 제패한 소양왕의 이야기를 읽을 때는 더 깊이 생각했다.

어느 날 소양왕이 옹성에서 하늘에 제사를 지낼 때 혜성이 동쪽에서 서쪽으로 길게 떨어졌다. 왕과 왕의 측근은 불길한 예감이 들었다.

"차면 기우는 법."

소양왕은 운명의 때가 다가온 것을 느꼈다. 그는 이듬해 숨을 거두었다. 그때 안국군의 머리는 반백이었다. 이제 자초가 태자가 되었다.

태자가 된 자초는 가장 먼저 부인과 아들을 조나라에서 데리고 왔다. 정은 태어나 처음으로 조국으로 왔다. 할아버지는 왕이고 아버지는 태자이니 자신이 어떻게 처신해야 할지 알 것 같았다. 증조할아버지 장례 내내 정은 슬피 울었지만, 근엄한 표정으로 자리를 지켰다. 안국군은 보위를 이어 효문왕(孝文王)이 되었다. 그러나 효문왕은 선대 왕의 시신을 곁에 두고도 울지 못했다. 곡도 못하고 그 자리에 주저앉을 정도로 기력이 쇠약해져 있었다. 그저 눈물 몇 방울만 떨어뜨릴 뿐이었다. 이틀째는 미음도 간신히 넘겼다. 빈소 뒤로 검은 그림자가 잠깐씩 보였다 사라졌다. 사흘째 아침, 효문왕은 신료들의 만류를 뿌리치고 빈소 앞에서 곡을 했다. 물기 없는 마른 곡소리가 힘겹게 나왔다. 그러다가 갑자기 그 소리마저 끊겼다. 그때 병풍 뒤에 있던 검은 그림자가 재빨리 사라졌다. 효문왕은 사흘 만에 왕좌에서 내려왔다. 사람들이 이상하다고 수군거렸지만, 나서는 이는 아무도 없었다. 사흘 간격으로 왕이 죽어나가자 신하들은 혼이 빠진 듯 모두 우왕좌왕했다.

효문왕에 이어 자초가 왕위에 오르고 장양왕이 되었다. 조나라에서 인질로 여불위와 만난 지 10년 만이었다. 새로 등극한 왕은 효문왕이 왜 사흘 만에 죽었는지 묻지 않았다. 오직 여불위를 서둘러 승상에 임명하고는 장례를 총괄하게 했을 뿐이다. 여불위에게는 낙양 10만 호가 식읍으로 주어졌다.

그로부터 3년 후 장양왕은 갑자기 숨을 거두었다. 아침을 먹다 갑자기 토하더니 자리에서 일어나지 못했다. 궁중 나인이 재빨리 수저를 감추었다. 조희가 특별히 올린 밥상이었다. 열세 살 정이 보위에 올랐다. 정은 여불위를 최고 벼슬인 상국(相國)으로 높였다. 함양 곳곳에는 새 왕이 여불위와 닮았다는 소문이 떠돌았다. 왕에 관한 유언비어를 퍼뜨린 자는 형벌로 발뒤꿈치를 잘랐지만, 소문은 사그라질 줄 몰랐다.

여불위 저택에는 벼슬을 구하는 사람의 발길이 끊이지 않았다. 그 틈에 초나라 옷을 입은 한 사내가 끼어 있었다. 행색은 남루하지만, 눈에서 빛이 났다. 여불위는 대청에서 사내가 걸어 들어오는 것을 가만히 지켜보았다. 이인을 처음 만났을 때 그 표정이었다. 그 사내는 이사였다.

[12] 식읍은 고대 중국에서 왕족이나 공을 세운 신하에게 보상으로 내리는 영지를 말하는데, 식읍을 받은 사람은 그 지역에서 거둔 세금을 받아먹고, 대대로 상속했다. 호(戶)는 집을 말하는 것으로 여불위가 10만 호를 식읍으로 달라고 한 것은 10만 가구가 사는 만큼의 땅을 영지로 달라고 한 것이다.

4

배움의 경계를 허물다

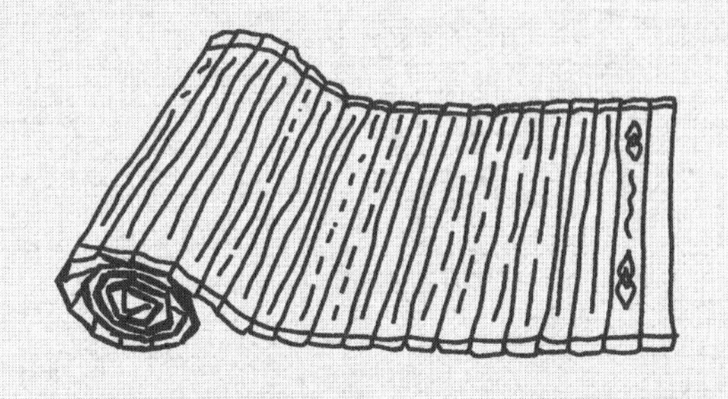

북쪽 오랑캐 견융이 쳐들어와 주나라 평왕(平王)이 수도를 낙양으로 옮기고(기원전 770년) 전쟁이 시작되었다. 주나라는 힘을 잃었고 제후는 말을 듣지 않았다. 주나라 무왕 시절인 약 370년 전으로 돌아가면 그들은 모두 형제였다. 무왕은 동생이나 조카를 지방으로 보내 다스리도록 했다. 중원은 넓어 혼자 다스릴 수 없었고 상나라를 정벌할 때 공을 세운 신하에게 보상해 주어야 했다. 이를 종법제도(宗法制度)라고 불렀다.

무왕은 여전히 왕이었고 제후국은 신하였다. 세월이 흐르자 단단했던 혈연의 끈이 끊어졌다. 제후국은 예전에 아버지나 형을 모시던 것처럼 주나라를 섬기지 않았다. 무왕이라는 주인을 잃은 중원은 혼란에 빠졌다. 권좌가 비자 모두 욕심이 생겼다. 작은 다툼은 곧 전쟁으로 이어졌다. 주나라 대신 강한 제후국이 천하를 호령하기 시작했다. 제나라 환공, 진나라 목공, 진(晉)나라 문공, 초나라 장왕, 송나라 양공 등, 쟁쟁한 영웅이 한때 중원의 패자가 되었지만, 영광은 잠시뿐 그들도 역시 역사에서 사라졌다. 춘추오패(春秋伍霸)[13]라는 이름만 남겼고 아무도 천하를 통일하지 못했다.

전쟁을 막으려 강호 영웅이 몸을 아끼지 않고 사력을 다했다. 노자, 공자, 묵자가 천하를 떠돌았다. 그 사이 제련술이 발전해 무기는 더 날카로워졌고 병법은 치밀해져 시체가 들판에 넘쳤다. 시체를 배불리 먹은 까마귀는 살이 쪄 날지 못할 정도였다. 무왕은 동생 강숙(康淑)을 하북 일대 진(晉)나라로 보내 다스리게 했다. 중원의 질서가 무너지자 진(晉)나라 내부에서도 귀족이 왕을 능멸하기 시작했다. 문공 때 천하를 호령하던 진(晉)나라는 귀족이 한, 위, 조 세 나라로 나눠 가졌다. 권좌에 눈이 멀어 아들이 아버지를, 동생이 형을, 신하가 임금을 죽였다. 한, 위, 조는 주나라 왕실에 자기네를 제후국으로 정식 인정해 달라는 사자를 매일 보냈다. 주나라 정왕(定王)은 마지못해 허락했다. 제멋대로 나라를 만들었어도 천자로부터 인정은 받고 싶어 했다. 그렇게 해야 명분이 서기 때문이다.

군주를 죽인 신하가 권좌에 오르면서 스스로 왕이라 부르기 시작했다. 이전에는 주나라와 중원에서 멀리 떨어진 초나라만 스스로 왕이라고 불렀다. 천하에 주인이 둘일 수는 없는 법. 전쟁은 격렬해졌다. 적의 목을 베지 않으면 내 목이 달아날 판이었다. 전쟁의 시대, 최후까지 살아남는 자가 진정한 강자이고 왕이었다.

이사가 여불위와 만난 무렵, 한비는 배를 타고 황하를 거슬러 낙양으로 향하고 있었다. 한비는 배에서 지난 500년 역사를 더듬었다. 스승은 늘 힘이 아니라 어진 마음과 정직한 도로 천하를 다스려야 전쟁이 끝난다고 했다.

"힘은 패도(霸道)[14]이고 인의는 왕도(王道)[15]라, 전쟁은 전쟁을 부른다. 전쟁으로 전쟁을 끝낼 수 없다."

배가 흔들리자 한비의 마음도 흔들렸다. 스승의 말씀대로 될 것 같지 않았다.

'무(武)든 문(文)이든 아무도 범접 못하는 절대 강자가 나타나 천하를 통일한다면? 혼자 무를 익힌다고 해서 전쟁의 불길을 막을 수 없지 않은가?'

스승이 준 칼을 버리고 싶었다.

황하는 잔잔했다. 바람이 세어지니 뼈만 남은 사공이 가쁜 숨을 몰아쉬며 노를 저었다. 물길을 거스르는 일은 힘들다. 나아가지 않으면 물러난다. 천지의 기운을 거스르는 것이 인간의 운명일까? 스승은《도덕경》을 읽지 말라고 하며, 노자가 '무위(無爲)'를 설파한 것을 두고 분통을 터트렸다.

"도대체 뭘 하자는 겐가? 선왕께서 법을 세우고 예를 짓지 않았으면 인간은 아귀와 다를 바 없어. 제 욕심을 채우기 바쁘겠지. 그 욕심을 다스려야 해."

스승은 이 말을 되풀이했다. 한비는 답답했다. 욕심을 버릴 수도, 바꿀 수도 없을 것 같았다. 그저 욕심이 넘치지 않게 막는 것이 유일한 길인 것 같았다.

폐허가 된 낙양은 인적이 드물었고 침묵이 흘렀다. 진나라가 한나라를 치자 주나라 왕은 진이 곧 주로 쳐들어올 것 같아 다급했다. 점점 강해지는 진을 견제하려 제후들이 연합해서 힘을 모았다. 이는 주나라를 칠 마음이 없던 진나라 왕 정의 신경을 건드렸다. 정은 낙양으로 군사를 보내 병사든 백성이든 가리지 않고 눈에 보이는 대로 짓밟아 버리라고 지시했다. 진나라 병사는 빠르고 강했다. 살찐 말은 지칠 줄 몰랐고 군량은 넉넉했다. 주나라 700년 역사는 순식간에 사라졌다. 이제 구정은 진나라 물건이 되었다. 주나라 왕은 죽고 살아남은 병사는 강렬하게 저항했으나 진나라에 섬멸되었다. 승상 여불위는 이에 그치지 않고 자객을 보냈다.

한비는 주나라의 왕실 도서관이던 수장실(守藏室)의 위치를 알아보았다. 노자의 흔적을 찾기 위해서였다.

노자는 왕실 도서관을 지키던 관리였다. 주나라가 세력을 잃고 세상이 혼탁해지자 노자는 자취를 감추려고 했다. 성문을 나섰는데 문지기가 붙잡았다.

"선생님께서 사라지면 저는 배울 길이 없습니다."

노자는 먹을 한 번 찍더니 쉬지 않고 5,000자를 써 내려갔다. 문지기는 먹을 갈다 말고 그저 지켜보기만 했다. 용이 날아오르듯 글씨에 기운이 넘쳤다. 노자는 붓을 놓자마자 사라졌다. 문지기가 절하고 고개를 들기도 전에 이미 시야에서 사라졌다. 그 후로 아무도 노자를 본 사람이 없었다. 200살까지 살다 신선이 되어 승천했다는 소문만 무성했다.

수장실에는 먼지만 가득했다. 글을 모르는 백성이 죽간을 불쏘시개로 썼다고 했다. 한비는 타다 남은 죽간 한 조각을 집어 들었다. 그을음을 지우고 천천히 읽었다.

"지법천 천법도 도법자연(地法天 天法道 道法自然)."

인기척을 느껴 뒤돌아봤다. 아무도 없었다. 다시 죽간을 보며 의미를 헤아렸다. '땅은 하늘을 본받고, 하늘은 도를 본받고, 도는 자연을 본받는다.' 앞뒤가 잘려나가서 뜻을 명확하게 알 수 없었다. 앉았다 일어섰다 하며 한참을 생각해도 오리무중이었다. 갑자기 돌멩이가 정수리로 날아들었다. 위험은 느껴지지 않았으나 몹시 아팠다. 주위를 몇 번 둘러보아도 인적이 없었다. 한비는 이상했다. 혹시 천장에서 떨어졌나 하고 위를 쳐다보았지만, 돌이 떨어질 만한 곳이 아니었다. 천장은 뻥 뚫렸고 서까래 몇 줄기만 휑뎅그렁했다.

'강호에 기인이 많다 들었는데, 혹시 은신술을 익혔나?'

정신을 모아도 기운이 느껴지지 않았다. 이번에는 지팡이 같은 단단한 막대가 한비 종아리를 쳤다.

"어!"

한비가 짧게 비명을 질렀다. 기가 느껴지지 않았다. 기를 숨길 정도라면 무공은 절정일 것이다. 순간, 한비는 전신이 떨릴 만큼 두려웠다. 적이 급습하면 방어할 길이 없다. 상대는 보이지 않고 나는 적에게 드러나 있다. 언뜻 벽에 그림자가 보였다. 다가가 보니 벽밖에 없었다. 돌아서는 찰나 이번에는 그가 어깨를 가볍게 쳤다. 살의는 없는 것 같아 안심이 되었지만, 한비는 그의 정체가 점점 궁금했다.

"존함을 가르쳐 주십시오."

"자은무명(自隱無名)."

처음 듣는 이름이었다. 한비가 모를 수밖에 없는 것이 당연했다. 자은무명은 이름이 아니었다. '스스로 숨어 살며 이름이 없다'는 뜻으로 자기 존재를 밝힌 것이다. 무명은 한비가 처음 수장실로 들어올 때부터 지켜보고 있었다. 그는 비밀리에 전해 오는 노자 문파의 마지막 제자였다. 노자는 제자를 딱 한 명만 두었고, 그 뒤를 잇는 제자들도 각각 제자를 한 명씩만 두었다. 그들은 모습을 감추고 강호에 나타나지 않았지만, 세상이 극도로 혼란해지면 조용히 비법을 전해 주고 사라졌다. 무명은 수장실이 불탔다는 소문을 듣고 스승의 유품이라도 찾을까 하여 하산했던 터였다. 그는 한비가 근골이 탄탄하고 기운이 남다르다는 것을 단박에 꿰뚫어 보았다. 도를 전수할 재목을 만나 마음속으로 쾌재를 불렀다.

"무명 대사, 제자가 가르침을 청합니다."

한비는 힘을 잔뜩 실어 무명을 공격했다. 그는 슬쩍 피해 한비 뒤로 사라졌다. 한비가 이번에는 왼쪽을 공격하자 그는 오른쪽으로 피했다. 공격이 닿기 전에 이미 방향을 틀어 버린 것이다.

한비가 위를 치려고 생각하면 무명은 이미 아래로 피해 있었다. 한비는 맥이 빠졌다. 단 1합도 제대로 겨누지 못한 것이다. 그는 스승과 달랐다. 스승이 꽉 찬 그릇이라면 무명은 텅 비었다. 도무지 어디를 공격해야 할지 갈피를 잡을 수 없었다. 빈틈이 없다기보다는 빈틈을 만드는 실체 자체가 없는 것 같았다. 상대가 공격할 때 빈틈을 노렸다가 역습하려 했지만, 언제 공격할지 기미조차 느낄 수가 없었다. 한비는 몇 합을 더 헛손질하다 제풀에 꺾였다.

"권법이 반듯하기는 하나 마음이 앞선다. 어느 문파더냐?"

한비는 이미 합을 겨룰 마음이 사라졌다. 애초에 싸울 마음도 없었으니 힘이 더 들어가지도 않았다.

"초나라에 계신 순자께서 제 스승입니다. 저는 한비라고 합니다."

"화성기위(化性起僞)."

무명이 순자 철학의 핵심을 곧바로 치고 들어오자 한비는 놀라

반문했다.

"아시옵니까?"

"강호 사람이라면 모를 리 없지."

"하오면, 사부께서 쓰시는 무공은 무엇인지요?"

한비는 그를 대사에서 사부로 바꾸어 불렀다. 자상한 느낌이 들었다. 무명도 눈빛이 맑은 한비가 마음에 들었다.

"순자께서 인위(人僞)를 쓰신다면 나는 무위(無爲)이지."

한비는 스승을 높여 부르는 그가 더 미더웠다.

"제자 어리석어 무슨 말씀인지 모르겠습니다."

한비는 간절했다. 스승도 바른 것이 있다면 문파를 가리지 말고 널리 배우라고 늘 당부했다.

"순자께서는 타고난 몸과 마음을 변화시키라고 하셨지! 욕망을 다스려 선왕이 세우신 법과 예로 수련을 거듭해 다시 태어나야 한다고 하시지 않았느냐. 단련을 통해 몸과 마음이 바뀌는 것이 위(僞)야. 이는 사람이 만드는 것이라 하여 인위라 부르지. 허나 노자께서는 달리 말씀하셨네. 본래 마음이란 텅 비었고(虛), 고요한 것(靜)이고, 본래 마음을 지켜야 한다고. 허를 끝까지 지키고 정을 독실하게 지켜라. 치허극 수정독(致虛極 守精篤)."

한비는 어렴풋이 알 것 같으나 어려웠다. 그가 쓰는 말은 스승과 달랐다.

"본래 마음이라 하오면……."

"아까 읽은 구절이 생각나느냐?"

"네."

글이라면 자신 있는 한비였다.

"앞에 세 글자, 인법지(人法地)가 빠졌다."

이제야 한비는 얼개가 그려지는 듯 고개를 끄덕였다.

"노자께서는 일찍이 우주의 신비를 더듬으셨지. 우주는 저절로 그렇게 생겼어. 다른 것이 만들지도 다른 법칙을 본받지도 않고 저절로 생긴 거야. 그다음 하늘이 그 모습을 따르고, 땅과 인간이 그 뒤를 이었지. 우주의 본래 모습이 허와 정이었다는 것을 노자께서 깨달으셨던 거지."

무명은 봄바람처럼 부드러운 목소리로 천천히 말했다. 한비는 어리둥절했다.

"인간의 본래 모습이 허와 정이라니 어렵습니다. 사부께서 허를 취하셔서 제가 어디를 공격할지 몰랐군요."

"나는 마음을 비웠고 너는 마음을 채웠다. 그래서 나는 네 마음을 읽었고 너는 내 마음을 몰랐던 것이다."

"아!"

표정이 밝아지면서 한비가 탄성을 질렀다. 막힌 것이 탁 터지는 울림이었다. 순간, 무명이 한비의 머리를 세게 내리쳤다.

"급하다!"

약간 성난 목소리였다. 저린 머리를 만지면서도 한비는 영문을 몰랐다.

"네가 깨쳤다 생각하는 순간, 너는 그 깨달음에 갇힌다. 경계를 허물어야 커진다. 큰 네모는 귀퉁이가 없고, 큰 그릇은 더디게 만들어진다. 큰 소리는 소리가 들리지 않으며, 큰 형상은 모양이 없다.[16] 아직 갈 길이 멀다."

한비는 기가 꺾였다. 조금 알 것 같았는데 불호령이 떨어지니 어디서부터 시작해야 할지 엄두가 나지 않았다.

"그럼, 어찌 본 마음이 일그러지는지요?"

"깨끗한 거울에 먼지가 내려앉은 것과 같은 이치이다. 마음이 더러워지면 욕심이 생기고, 욕심은 세상을 혼란에 빠뜨린다."

"세상이 어지러운 것이 제 마음이 탁해서 그렇습니까?"

"허허!"

무명이 웃으며 한비를 지긋이 바라보았다.

"네 탓이 아니겠지. 노자께서 말씀하셨다. '도는 위대하다. 하늘도 위대하다. 땅도 위대하다. 왕도 위대하다. 이 세상의 이 네 가지는 정말 위대하다. 왕이 그 한 자리를 차지한다.' 우주에는 도가 있듯 인간 세상에는 왕이 있어야 한다. 만물이 어우러져 우주가 되듯 뭇사람이 모여 인간 세상을 만든다. 도가 비고 고요하듯 왕도 마음을 비우고 고요하면 자연 모든 것이 제자리를 잡는다."[17]

한비는 그저 어지러운 제 마음을 다스리며 혼란한 세상을 구하고 싶은 열망에 불타올랐다. 무명은 한비가 쉽게 알아듣도록 자세하게 설명했다. 한비는 깊이 빠져 인가에 등잔 불빛이 밝아 오는 줄도 몰랐다. 뒷산에서 부엉이가 길게 울었다. 한비 배에서 부글부글 물 끓는 소리가 났다.

"사부님과 초나라에 계신 스승님 말씀이 너무 달라 갈피를 못 잡겠습니다."

"황하가 하루아침에 저렇게 큰 강이 되었더냐? 서둘 것 없다. 크게 보면 네 스승과 다르지 않다. 좁게 보면 원수보다 더 멀겠지만 말이다. 세상을 돌아보고 공부를 더 하도록 해라. 강호에 이름을 감추고 몸을 숨긴 이가 어디 나 하나뿐이겠느냐!"

밖에서 말발굽 소리가 들렸다. 진나라 병사들이 잔당을 쫓고 있었다. 무명과 한비 둘만으로 대군을 감당할 수 없다. 무명이 몸을 숨기려 했다. 한비는 더 듣고 싶었다. 여기서 헤어지면 다시 만날 길이 없었다.

"사부, 어디서 뵐 수 있습니까?"

"나를 찾을 필요 없다."

그러고는 비단 두루마기를 던져 주었다.

"노자 말씀이 여기 다 있다. 스승이 태산이라면 나는 흙 한 줌에 지나지 않는다. 읽고 또 읽으면서 마음과 몸을 닦아라. 장강의 앞물은 뒷물에 밀려 흘러가는 법. 너는 새 물길을 열도록 해라."

"그럼 제자, 어디로 가야 합니까?"

"호랑이 소굴로 가거라. 옛날 거기에 상앙이라는 기재가 있었다. 한 번쯤 귀동냥할 만하다."

한비가 엎드려 절을 올리자 무명은 천장으로 살짝 뛰어오르더니 지붕을 타고 이내 사라졌다. 한참 지나 초가지붕에서 지푸라기 몇 가닥이 바람에 휘날렸다. 무명이 떠난 뒷자리를 바라보다 한비도 좁은 흙벽 위를 타고 진나라 군대로부터 멀어졌다.

[13] 중국 춘추 시대 다섯 명의 패자(覇者)를 일컫는 말.

[14] 천자의 힘이 약해진 춘추 시대 이후, 패자와 힘 있는 제후가 실력으로 백성을 다스리는 정치를 말함.

[15] 인(仁)과 덕(德)을 바탕으로 하는 정치. 중국의 유가가 이상으로 삼은 정치 사상.

[16] 노자의 《도덕경》에 나오는 문장.

[17] 이때만 해도 한비는 자신이 도덕경을 새롭게 해석한 명문을 쓸 줄 몰랐다. 한비는 나중에 〈유노〉, 〈해노〉라는 《도덕경》을 새롭게 해석한 논문을 쓴다. 한비 이후에 그만한 글이 없다는 논평이 많다.

5

약속은 꼭 지켜라

해질 무렵 한비는 진나라 관문인 함곡관에 도착했다. 진나라 법은 엄격해서 해가 떨어지면 관문을 지날 수 없다. 또 나라에서 인정한 신분증이 없으면 들어가지 못한다. 함곡관을 지나지 않고 함양으로 들어가는 길은 없다. 북서로는 산이 높고 험하고 남쪽에는 강이 흐른다. 진나라는 수도를 천연 요새인 함양에 세우고 동쪽의 위나라 땅을 호시탐탐 노렸다. 진의 수도를 옹(雍)에서 함양으로 옮기고 이 전략을 세운 사람은 상앙이었다. 한비는 진나라에 닿자마자 약 100년 전 사람인 상앙의 큰 그림자를 여전히 느꼈다. 한비는 진나라를 이렇게 강대하게 다스린 도를 배우고 싶었다. 성문 언저리에서 묘책을 고민하던 한비는 급히 말을 몰고 가는 남자를 가리키며 갑자기 소리를 질렀다.

"저놈 잡아라! 조나라 첩자다."

수비대가 우르르 몰려나왔다. 한비가 비밀 감찰관이라고 여긴 수비대는 무작정 그 남자의 뒤를 쫓았다. 진나라에서는 적의 첩자를 죽이면 관직이 한 등급 올라가기 때문이다. 드나드는 사람의 시선이 모두 그쪽으로 쏠렸다. 말을 몰던 남자는 영문도 모른 채 더 빨리 달아났다. 진나라 법은 길거리에 재만 버려도 손목을 자른다. 자기도 모르게 죄를 지었나 싶어 무조건 국경을 벗어나려 한 것이다. 그 틈에 한비는 유유히 성문으로 들어갔다. 스승인 순자는 초청받아 함양에 다녀온 적이 있다. 그때 제자를 불러 모아 놓고 함양에 대해 설명해 주었는데 그 말대로 깨끗했다.

"산과 강이 둘러싼 함양은 요새 같더구나. 땅도 농사짓기에 좋고, 이것저것 자원도 풍부하고, 지세가 좋아. 음악도 바르고 백성은 검소하면서 관리 명령을 잘 따르더라. 관리도 청렴하고. 진이 저토록 강성한 데는 다 까닭이 있어. 상앙이라는 자가 법을 엄하게 세웠지. 한데 그들의 앞날도 보이더구나. 힘으로 누르면 한때는 통하지만 오래 못 가지. 가벼운 죄도 엄하게 처벌해 하루에 700명도 넘게 처형했으니, 그 원성이 어디 가겠느냐. 마음이 떠나면 사람이 떠나고 백성이 떠나면 그 나라는 망하는 법이지. 인의로 백성을 가르쳐야지, 쯧쯧."

한비는 객사 몇 군데에 들어갔지만, 신분증이 없으니 아무도 받아주지 않았다. 객사 주인은 모두 약속이나 한 듯 하나같이 상앙의 법을 들먹였다.

"신분이 확실치 않은 사람을 재우다 걸리면 첩자를 숨겨 준 죄와 같은 벌을 받아요. 허리가 잘립니다."

한비는 못마땅했다.

'가벼운 죄도 지독한 형벌에 처하니, 무거운 죄는 어쩔 셈인가!'

한비는 중얼거리며 거절하는 객사를 빠져나왔다. 신분증이 없으면 밤거리를 돌아다니지도 못한다. 객사 문전에서 한참 서성거리다 등잔이 타닥타닥 타는 소리를 들었다. 하루살이가 불꽃으로 날아들었다가 사라졌다. 한비는 스승의 말을 떠올렸다. '인간은 본래 이익을 탐하고 해로운 것을 싫어하지.' 한비는 다시 객사에 들어갔다. 시세보다 열 배 많은 돈을 주인에게 내밀었다.

"법은 멀고, 돈은 가깝지."

늙은 주인은 냉큼 돈을 챙기더니 탐욕스러운 눈을 깜박이며 음흉하게 웃었다. 상앙의 무시무시한 법도 제 속만 밝히는 인간 앞에선 다 무너졌다. '인간은 원래 그런 존재인가?' 한비는 인간 본성에 깊이 회의를 느꼈다.

한비는 방 안에 누웠지만, 계단이 삐걱거리는 소리 때문인지 잠이 오지 않았다. 지금 중원에서 여불위만큼 돈과 권력을 가진 이는 아무도 없다. 여불위가 인재란 인재는 모두 모으고 있다는 풍문이 중원에 자자했다. 이사는 꿈을 좇아 세도가에게 몸을 맡겼을 테니 함양 땅으로 왔을 테고, 려려도 분명 이사를 따라왔을 것이다. 여불위와 만나면 려려도 만날 수 있을 것 같았다.

삐걱, 계단을 조심스럽게 밟는 소리가 들렸다. 한비는 재빨리 등잔을 껐다. 누군가가 밖에서 문을 두드렸다.

"젊은이 자는가?"

목이 쉰 노파의 목소리였다.

"이 집 안주인일세. 잠이 안 오면 술이나 들라고."

한비는 다시 등잔불을 붙이고 노파를 맞았다. 노파는 호리병 하나와 푸성귀를 소금에 절인 안주를 소반에 받쳐 들고 들어왔다.

"젊은이 어디 사람인가? 말씨론 진나라 사람 같지 않은데."

한비는 한나라라고 하려다 얼른 말을 삼켰다. 진과 한 사이에 전쟁이 가깝다는 말이 나돌고 있었기 때문이다.

"초나라에서 왔습니다."

"그 먼 데서 어쩐 일로?"

운을 떼면서 노파는 한비의 행색을 슬그머니 살폈다.

"상앙의 법을 배우려고 당분간 함양에 머물려고 합니다."

한비는 경계를 늦추지 않았다. 공부한다고 하면 신분을 속일 수 있다고 생각했다. 진나라에선 첩자를 신고하면 적의 머리를 벤 것과 같은 포상을 받는다. 자칫하면 첩자로 몰릴 수도 있는 상황이다.

노파는 술을 따라주며 운을 뗐다.

"내, 이야기해 줌세. 그 양반은 워낙 유명하니 진나라에서 모르는 사람이 없다네."

한비도 꺼낸 말이 있어 마다하지 못했다.

상앙은 위나라 출신으로, 위나라 왕의 서자였다. 본래 이름은 공손앙으로 재상인 공숙좌(公叔座) 밑에 있었다. 공숙좌는 상앙이 재주가 많은 것을 알고 위나라 왕에게 추천하려 했지만, 기회가 없었다. 공숙좌가 중병에 걸려 위독하자 위나라 혜왕(惠王)이 친히 병문안을 갔다. 혜왕이 물었다.

"그대에게 큰 변고가 생기면 재상은 누구에게 맡기면 좋겠소?"

"소신 수하에 공손앙이라는 인재가 있는데, 어리지만 기재가 출중합니다. 나라를 맡길 만합니다."

혜왕은 처음 듣는 이름이라 별로 탐탁지 않아 대답하지 않고 자리를 뜨려 했다. 공숙좌는 혜왕의 마음을 읽고 다시 말했다.

"내키시지 않으면 죽여야 합니다. 다른 나라에서 등용하면 위나라에 해가 될 인재입니다."

혜왕은 마지못해 고개를 끄덕였다. 혜왕이 자리를 비우자 공숙좌는 공손앙을 불렀다.

"좀 전에 왕에게 너를 재상으로 추천했으나 표정이 신통치 않더구나. 나는 신하 된 몸이라 군주에게 충성을 다해야 하므로 널 죽이라고 했다. 네 재주가 아까우니 여기를 빨리 떠나거라."

공손앙은 배포가 크고 사람을 읽을 줄 알았다.

"저를 쓰라는 말도 듣지 않는데 죽이라는 말은 듣겠습니까?"

공손앙의 예상대로 혜왕은 공숙좌의 말을 듣지 않았다. 인물을 알아보지 못한 혜왕은 나중에 자식도 잃고 영토도 뺏겼다. 공손앙이 진나라로 가서 한 일이다. 이때만 해도 위나라는 중원에서 위세를 떨치고 있었고, 서쪽의 진나라는 열세를 면치 못했다.

진나라 효공이 왕위를 이으면서 대소신료를 모아놓고 통곡했다.

"옛날 목공께서는 동쪽의 진(晉)을 쳐 영토를 빼앗고, 서쪽의 융적을 쳐 몰아냈다. 그 후로 천자께서 패주로 인정하고 제사 고기를 보내왔으며, 제후들이 줄을 서서 축하하러 왔다. 허나 목공이 가시고는 오랫동안 내우외환에 시달렸다. 심지어 진(晉)이 우리 영토를 넘보고 있을 정도이다. 제후들이 우리를 업신여기니 이보다 더 부끄러운 일이 없다."

효공이 목 놓아 울자 신하들도 따라 울었다. 효공이 울음을 삼키며 말을 이었다.

"천하 인재를 불러 모아 나라를 다시 강성하게 만들라!"

이때 공손앙은 진나라로 가 효공이 총애하는 신하 경감(景監)을 섬겼다. 경감은 공손앙을 알아보고 효공에게 추천했다. 첫 대면 때 공손앙이 전설 속의 다섯 성군에 대해 장황하게 이야기하자 효공은 졸면서 듣지 않았다. 공손앙이 나와 버리자, 효공이 불평했다.

"공이 추천한 사람은 쓸데없는 이야기만 늘어놓더이다."

경감이 공손앙을 나무랐다. 공손앙은 한 번 더 기회를 달라고 했다. 닷새 후 다시 만나 패업을 이룬 다섯 제후에 대해 이야기하자 효공이 조금 듣는 듯했다. 하지만 나중에 또 불평했다. 공손앙은 마지막 기회를 달라고 간청했다. 이번에는 제왕(帝王)의 도를 설명했다. 그러자 효공이 퉁명스럽게 대답했다.

"꿈 같은 이야기이오. 당장 천하에 이름을 떨치고 싶소. 성왕(聖王)의 도를 어느 세월에 이룬다는 말이오!"

그제야 공손앙은 당장 실현 가능한 부국강병책을 꺼내 놓았다. 효공은 이야기에 빠져들었다. 효공은 공손앙을 고위 관직에 파격 등용했다. 귀족들은 하나같이 반대했으나, 젊은 왕은 완강하게 물리치며 공손앙에게 전권을 주었다. 효공의 신임을 등에 업은 공손앙은 법령을 새로 만들었다.

다섯 집이나 열 집을 한 조로 묶어 서로 감시하게 해 법을 어기는 자를 신고하게 했다. 법을 어긴 자를 신고하지 않으면 요참형에 처하고, 신고한 자에게 적의 목을 벤 것과 같은 상을 주었다.[18] 성년이 되었는데 분가하지 않는 형제가 있으면 세금을 두 배로 거둬들이고, 상업을 엄격히 금하고 농사에 전념하도록 했다. 신분을 20등급으로 나누어 군공이 많은 자에게 신분 상승 기회를 주었다. 상앙이 만든 법은 모두 백성을 엄격히 관리하고 통제하면서 세금을 많이 거두는 방안이었다.

그러나 공손앙은 법을 만들고도 바로 공표하지 않았다. 백성이 믿고 따르지 않을까 걱정되었기 때문이다. 그러다 묘안을 떠올렸다.

조그만 나무를 성 남문에 세워 두고 이렇게 썼다.

'이 나무를 북문으로 옮기면 10금(金)을 준다.'

이 말을 곧이곧대로 믿는 사람은 아무도 없었다. 공손앙은 다시 표문을 걸었다.

'이 나무를 북문으로 옮기는 사람은 50금을 준다.'

어떤 사람이 밑져야 본전이다 싶어 나무를 옮기고 바로 50금을 받았다. 이렇게 어떤 법이라도 백성과 약속한 것은 반드시 지킨다는 믿음을 심어 주었다. 공손앙은 치밀하고 잔재주가 넘쳤다.

새 법령이 반포되자 처음엔 불편하다며 지키지 않는 자가 많았다. 그러다 태자가 법을 어겼다. 공손앙은 기회를 잡았다. 이를 본보기로 삼고 싶었다.

"윗사람이 법을 지키지 않으니 아랫사람도 법을 지키지 않는다."

왕좌를 이을 사람이기에 태자를 처벌할 수는 없었다. 대신 태자를 보좌하는 공자 건(虔)의 코를 베고, 스승 공손가(公孫賈)의 얼굴에 죄인이라는 문신을 새기는 형벌을 내렸다. 이후 법을 어기는 사람이 아무도 없었다. 공손앙은 계획대로 진행되는 것 같아 회심의 미소를 지었다. 그러나 피는 곧 피를 부르는 법. 치욕을 당한 이들은 때를 기다리며 은밀히 복수의 칼을 갈았다.

진나라는 겉으로 잘 돌아가는 듯 보였다. 공손앙은 농토를 개간해 백성의 수입을 늘려 주면서 세금도 더 거두었다. 연좌제 탓에 범

죄도 줄었고, 신분 상승에 눈먼 백성은 전장에 나아가 목숨을 아끼지 않았다. 거리에 물건이 떨어져 있어도 아무도 줍지 않았다. 이러한 모습은 백 년이 지난 후, 순자가 진나라에 왔을 때도 유지되었다. 힘으로 억누르니 겉으로는 잘 다스려지는 것 같았다. 하지만 속으로는 상처가 서서히 곪고 있었다. 공손앙은 나라 안이 안정되자 밖으로는 동쪽으로 영토를 넓힐 계획을 세웠다. 진나라 북서쪽은 산과 사막이라 땅을 넓힐 곳이 없었다. 동쪽으로 진출하려면 강대국인 위나라를 넘어서야 했다. 한 판 승부가 불가피했다. 공손앙이 효공을 설득했다.

"진에게 위는 위험한 존재입니다. 진이 위를 제압하지 않으면 위가 진을 제압하려 들 것입니다. 위는 우리와 황하를 사이에 두고 대치하면서 산동에서 나는 이익을 혼자 다 차지합니다. 진나라가 강대해지려면 저들을 동쪽으로 쫓아내 제, 초와 싸우게 해야 합니다. 마침 위는 제와의 싸움에서 대패해 국력이 약하니 지금이 절호의 기회입니다."

효공은 공손앙이 미더웠다. 장군으로 임명하고 관인(官印)[19]을 내려주면서 위나라를 공격하게 했다. 위나라는 공자 앙(卬)을 장군으로 삼아 맞서게 했다. 공손앙이 위나라에 있을 때 앙과 친분이 있었다. 공손앙은 정면 승부를 하지 않고 술수를 선택했다. 공손앙은 사신을 통해 앙에게 편지를 보냈다.

'그대와 난 원래 친한 사이인데, 섬기는 사람이 달라 이렇게 전장

에서 만났으니 오늘 하루만이라도 휴전하고 옛일을 이야기하며 못다 한 회포나 풉시다.'

그러면서 술과 고기를 가득 실은 마차도 몇 대 보냈다. 앙도 연이은 전쟁이 부담스러워 옛 친구를 믿고 회담장에 들어섰다. 술잔이 몇 순배 돌고 마음을 놓는 찰나, 복병이 앙을 사로잡아 버렸다. 장수를 잃은 위군은 대열이 흐트러지면서 맥없이 무너졌다. 위나라 혜왕은 연이은 패전에 견디지 못하고 황하 서쪽을 진나라에 바치고 화친했다. 제나라와의 전쟁에서 큰아들을 잃고, 진나라와의 전쟁에서는 서쪽 땅을 잃었다. 그리고 수도를 동쪽 대량으로 천도했다. 이때부터 위나라는 양나라로 불렸고, 양이 동쪽의 제, 초와 자주 맞닥뜨리면서 중원의 질서가 바뀌었다. 혜왕이 재기하려 맹자를 초빙한 것도 이 무렵이다. 승리한 공손앙은 상나라 땅을 식읍으로 받았다. 이때부터 공손앙은 '상앙'으로 불렸다.

이회의 《법경》을 품고 혈혈단신 진나라로 건너와 왕 아래 최고 자리에 오른 상앙은 진나라에서 10년 동안 재상 자리에 있었다. 상앙의 집에 식객이 끝없이 드나들었다. 그중에 조양(趙良)이라는 인물이 있었다. 상앙은 여러 사람 틈에서 기운이 다른 조양을 눈여겨보다 어느 날 불렀다.

"백리해는 목공을 보좌해 천하 패자로 만들었는데, 그에 비하면 나는 어떻소?"

"양가죽이 천 장 있더라도 여우 한 마리의 겨드랑이털보다 못하고, 복종하는 선비가 천 명 있어도 직언하는 선비 하나보다 못하다고 합니다. 제가 바른말을 하더라도 처벌하지 않으신다면 온종일 이야기할 수 있습니다."

"귀에 거슬리는 말은 약이 되고 달콤하게 들리는 말은 병이 된다고 했소?"

"지난날 백리해께서 재상으로 계시면서 정나라를 평정하고 진(晉)나라 임금을 세 번이나 세웠으며, 초나라가 위험하자 구해 주었습니다. 덕이 사방으로 미쳐 오랑캐도 예물을 들고 항복했습니다. 재상이 되어도 수레를 타지 않았고, 호위병도 두지 않을 정도로 검소했습니다. 덕으로 다스렸으니 모두 마음으로 따랐지요. 돌아가시자 진나라에서 울지 않은 사람이 없었습니다.

상앙께서는 재상으로 계시면서 집을 화려하게 짓고, 태자의 사부 얼굴에 문신을 새기는 형벌을 내리고, 백성이 가벼운 죄를 지어도 엄하게 처벌해 곳곳에 원성이 자자합니다. 옛 노래에 '인심을 얻으면 흥하고, 인심을 잃으면 망한다'고 했습니다. 상앙께서 외출하실 때 호위병 수십 명이 창을 들고 호위합니다. 백성에게 원한을 많이 사 목숨을 잃을까 두려우신 것이지요. 지금이라도 늦지 않았습니다. 자리를 내놓고 낙향해 노인을 공경하고 아이를 보살피며 덕 있는 사람을 존경하면, 원성이 조금은 누그러질 것입니다. 만약 부귀를 탐내 자리에 머무르면서 법으로 계속 밀어붙이신다면 앞일을 장담할 수 없습니다. 효공이 살아 계신다면 방패가 되겠지만 돌아가신다면 누가 보호해 주겠습니까?"

상앙은 조양의 말을 듣지 않았다. 권력과 자리가 자신을 지켜 준다고 생각했다. 부귀는 버릴 수 있지만, 재상 자리가 없으면 목숨을 지킬 수 없을 것 같았다. 다섯 달 뒤 효공이 죽었고, 태자가 왕위에 올랐다. 코를 잃고 8년 동안 문밖출입을 하지 않은 건은 복수의 칼을 뽑았다. 건은 상앙이 모반을 꾀한다고 왕위에 오른 태자에게 보고했다. 태자는 병사를 보내 상앙을 체포하려 했지만, 상앙은 재빨리 달아났다. 밤늦게 관문에 도착해 객사에 묵으려 했지만, 주인은 상앙인 줄 몰라보고 받아 주지 않았다.

"신분증이 없는 손님을 받았다가는 첩자를 숨겨 준 죄와 같은 벌을 받습니다. 상앙이 만든 법이지요."

상앙은 그제야 탄식했다.

"내가 만든 법에 내가 걸렸구나."

고향 위나라로 도망쳤지만, 위나라에서는 상앙이 앙을 속인 일을 잊지 않고 있었다. 상앙이 다른 나라로 달아나기 전에 붙잡아 진으로 돌려보냈다. 상앙은 진나라로 호송되는 중에 상읍(商邑)으로 도망쳤다. 상앙은 근거지였던 상읍에서 살아남은 휘하 병력을 끌어모아 이웃 정나라를 쳤다. 진나라를 바로 공격하기에는 군사가 적었기 때문이다. 정나라에서 자리를 잡고 훗날을 도모할 생각이었다. 그러나 진은 화근이 자라기 전에 군대를 보내 상군을 체포했다. 상앙은 모반한 죄를 뒤집어쓰고 거열형[20]을 당했다. 효공의 뒤를 이어 왕위에 오른 효혜왕(孝惠王)은 시체 토막을 시장 한가운데 매달고는 이렇게 말했다.

"상앙처럼 모반하면 이렇게 된다."

그러면서 효혜왕은 상앙이 만든 법을 폐지하지 않고 더 엄하게 집행했다. 반대하는 귀족은 모두 죽였다. 건도 이때 죽었다. 효혜왕은 상앙이 세운 계책을 그대로 따라 상앙보다 엄격하게 법을 집행했다. 상앙은 이 세상 사람이 아닌 지 오래되었지만, 지금의 진나라는 상앙이 만들었다고 해도 과언이 아니었다.

노파는 이야기하면서도 자꾸 밖을 내다보았다.

'가벼운 죄마저 엄하게 처벌하면, 진정 무거운 죄는 어떻게 다스릴 것인가? 길거리에 재를 버렸다고 손목을 자르면, 그보다 큰 죄는 어쩔 셈인가? 가벼운 죄도 죽고 무거운 죄도 죽으면 백성은 목숨을 걸고 반역하지 않을까?'

노파 이야기를 들으면서 한비는 생각에 빠져 있었다.

"술이 다 떨어졌네, 그럼 편히 쉬시구려!"

노파가 슬그머니 자리를 뜨려 했다. 한비는 수상한 낌새를 눈치

채고 노파의 손목을 확 잡아챘다. 멀리서 말발굽 소리가 희미하게 들려왔다.

"이 요망한 것!"

영감이 신고하러 간 사이 노파는 한비가 도망치지 못하도록 붙잡고 있었던 것이다. 숙박비는 숙박비대로 챙기고 첩자를 신고했다고 포상까지 받을 욕심이었다. 한비는 긴 여행으로 지친 탓에 인간이 끝없이 욕심을 탐하는 존재라는 것을 잠시 잊었다. 스승의 얼굴이 지나갔다. 한비는 창을 타고 훌쩍 뛰어내려 지붕 사이를 건너뛰었다.

"저놈 잡아라!"

관원이 크게 소리치자 집집이 등불을 켜 동네가 확 밝아졌다. 신분도 상승하고 포상금도 생기니, 모두 첩자를 잡으려 혈안이 되었다. 한비는 처마 밑에 숨어 숨을 멈췄다. 관군이 지나가길 기다렸다 그 객사로 다시 돌아왔다. 달아나더라도 감시의 눈초리를 피하기 어려울 것 같았다. 등잔 밑이 어두운 법이니 원래 자리로 돌아와 몸을 숨길 생각이었다. 노인 부부는 한비가 되돌아온 줄도 모르고 포상금 이야기를 하며 들떠 있었다. 한비는 단숨에 혈을 눌러 제압했다.

"위조 신분증이 어디 있느냐?"

법이 엄하면 빠져나갈 길을 찾기 마련이다. 상앙이 미처 보지 못한 것을 한비는 깨달았다. 움직이지 못하는 노인은 책상을 쳐다봤다.

한비는 책상을 공중으로 날려 손으로 반을 갈랐다. 위조 신분증이 쏟아졌다. 이튿날 동이 트자마자 한비는 함곡관을 거쳐 유유히 진나라 국경을 빠져나왔다.

[18] 연좌제(連坐制). 법을 어긴 사람과 특정한 관계에 있는 사람에게 연대 책임을 지게 하고 처벌하는 제도. 공손앙이 만든 법은 마을에서 한 조로 묶인 사람들을 처벌하는 것을 말함.

[19] 관청 또는 관리가 일을 할 때 쓰는 도장. 여기서는 왕이 위나라를 공격하는 데 필요한 권한을 위임한다는 뜻.

[20] 죄인의 다리를 두 대의 수레에 한 쪽씩 묶어서 몸을 두 갈래로 찢어 죽이던 형벌.

6

인재를 버리지 않는다

진왕이 읽던 죽간을 덮고 등을 펴며 이마에 맺힌 땀을 닦았다. 이사가 올린 글을 읽고 있었다. 이사는 여불위의 천거로 조정에 들어왔다. 처음에는 여불위가 심어 놓은 첩자로 여기고 늘 감시했다. 이사는 법에 밝았고 일 처리가 대담했다. 왕은 이사를 불렀다.

"네 뜻이 무엇이냐?"

이사는 손가락으로 공중에 '천하일통(天下一統)'이라고 썼다.

왕은 웃었고 더 묻지 않았다.

왕은 이튿날 이사의 벼슬을 올려 주었다. 다음날 또 불러 방책을 물었다. 이사는 '동진(東進)'이라고 대답했다. 왕은 한 걸음 더 다가오라고 손짓했다. 호위병이 움찔하자 왕이 제지했다. 이사는 머리를 조아리고 앞으로 기어갔다.

"자세히 일러라."

승냥이 울음 같은 왕의 호령에 이사는 몸을 떨었다.

"감히 아뢥니다. 소인은 때를 기다리다 놓치고 말지만, 대인은 틈을 노려 단숨에 떨치고 일어납니다. 지난날 목공께서는 패자가 되셨으면서도 동쪽 지역을 정벌하지 않으셨습니다. 주나라가 아직 건재했고, 제후가 패자가 되어 주나라를 받들어서 기회가 없었지요. 효공께서 상앙을 등용하고 함양으로 천도하시면서 동쪽의 문을 열었습니다. 그러나 제후국이 연합해서 진나라에 거세게 저항해 천운은 열리지 않았습니다. 효공 이래 진은 더 강해졌고 이제 한, 위, 조, 연, 제, 초 여섯 나라는 지리멸렬해 진나라 눈치 보기에 급급합니다. 나라는 강하고 대왕께서 선대 어느 왕보다도 뛰어나시니 지금이 절호의 기회입니다. 이때를 놓치시면 제후국들이 다시 뭉칠 것입니다. 틈을 주어 저들이 다시 힘을 합치면 황제(黄帝)[21]께서 다시 살아나신다 하더라도 어려울 것입니다."

왕의 눈이 가늘어졌다. 왕은 다시 한 걸음 더 다가오라 이르며 옥좌에서 내려와 이사에게 다가갔다. 이사는 입을 가리고 왕의 귀에 대고 속삭였다. 왕과 이사는 아무도 믿지 않는다.

다음날 이사는 왕이 내려준 황금과 주옥을 가득 들고 함곡관을 나섰다. 제후국에서 진나라가 뽑아 쓸 만한 인재를 찾아 데리고 오라는 명령이 떨어졌기 때문이다. 뇌물을 받지 않는 자는 그 자리에서 칼로 베라는 명령도 함께 떨어졌다. 이사는 벼슬 서열 세 번째인 대서장이 되었다. 이제 남은 작위는 관내후(關內侯)와 철후(徹侯)밖에 없었다. 초나라 출신 이사가 파격 승진하자 조정에서 시기와 질투가 들끓었다. 마침 한나라에서 건너와 운하를 만들던 정국(鄭國)이 간첩이라는 사실이 밝혀졌다. 정국은 동서를 가로지르는 운하 300리(약 40킬로미터)를 건설하고 있었다. 정국은 운하를 만들면 논밭에 늘 물을 댈 수 있고 뱃길로 쓸 수 있다고 여불위를 설득했다. 여불위는 막대한 돈과 인력을 운하 만드는 일에 쏟아부었다. 그 사이 진나라 재정은 바닥이 났다. 진나라의 동진을 막으려는 한나라의 술책이었다.

신하는 다른 나라 출신은 모두 몰아내야 한다는 상소를 매일 올렸다. 왕은 이사를 믿었지만 의심스럽기도 했다. 이사는 제 몸을 아끼지 않고 충성을 다했다. 신하들은 충성은 가면이라며 멈추지 않고 상소를 올렸다. 이사는 초조했다. 스승을 버리고 초나라를 떠나온 지 몇 해던가! 천하 통일이 눈앞에 있는데 왕을 만날 길조차 막혔다. 이사는 붓을 들었다.

'지금 폐하께서는 명검을 차고 명마를 타고 계십니다. 진나라에 나지 않는데도 쓸모가 있으니 이국에서 받아들였지요. 인재도 이와 다를 바가 없습니다. 태산은 흙 한 줌이 차곡차곡 쌓여 높아졌고, 바다는 작은 물줄기가 모여 깊어졌습니다. 천하를 도모하시려면 인재를 버리지 말아야 합니다. 인재를 쫓으면 그들이 적국을 도와 칼끝을 진나라로 겨눌 것입니다. 원수에게 군대를 주고 도둑에게 양식을 주는 꼴입니다.'

이사는 밤새 글을 고쳤다. 왕의 마음을 헤아리고 또 헤아렸다. 심기를 건드렸다가는 목이 달아날 판이었다. 시기하는 무리에게도 빌미를 주지 말아야 했다. 그들은 털끝 같은 허물이라도 찾아내려 혈안이 되었다. 이사는 글을 다듬고 또 다듬었다. 제후국에서 뽑은 인재를 쫓아내는 일에 대한 잘못을 고한다는 뜻의 '간축객령(諫逐客令)'이라는 제목을 뽑고 나자 창밖이 밝아 왔다. 이사는 피를 토하고 쓰러졌다.

진왕은 이사가 올린 글을 받아보고 마음이 밝아졌다. 이사의 욕심이 보이지 않고 천하 통일에 관한 신념을 읽었기 때문이다. 왕은 이사의 문장을 몇 번이나 중얼거렸다. 이사를 다시 부르라 영을 내렸다. 이사가 적국으로 가면 진나라에 큰 위험이 될 것 같았고, 천하를 통일하는 데 이사가 필요했다. 용이 승천하려면 구름을 타야 한다.[22] 어린 나이에 왕위에 올라 굴욕의 세월을 견딘 것은 천하 통일을 위해서가 아니던가? 왕은 보위에 오른 후 지난 10년을 떠올렸다.

아버지 장양왕이 서른다섯 젊은 나이에 갑자기 세상을 떠난 뒤, 정은 열세 살에 왕위에 올랐다. 왕후 조희는 곡은 했지만, 눈물을 흘리지는 않았다. 빈소를 찾은 신하들은 여불위에게 먼저 절했다. 국상 중임에도 여불위는 웃으면서 그들을 맞았다. 사흘이 지나자 임금 자리는 한시도 비워 둘 수 없다며 어린 정을 왕좌에 앉혔다. 옥새도 직접 건네주었다. 어린 왕을 보며 시녀들은 수군거렸다. 여불위와 새 왕이 닮았다는 소문은 어린 왕도 알고 있었다. 여불위는 스스로 승상

자리에 오르고 중부(仲父)라는 칭호를 썼다. 중부는 '아버지에 버금간다'는 뜻이다.

여불위는 왕을 허수아비로 만들고 부와 권력을 거머쥐었다. 심지어 왕보다 하인을 많이 거느렸다. 하지만 사람들은 뒤에서 상인 출신이라고 여전히 수군거렸다. 여불위는 명성을 얻고 싶었다. 저택으로 식객을 하나둘씩 불러 모으기 시작한 것이 어느덧 3,000명이 넘었다.

이때 초나라에서 순자가 집필을 끝냈는데 중원에서 읽지 않은 사람이 없을 정도였다. 여불위는 순자보다 좋은 책을 만들고 싶었다. 학자로 명성을 남겨 상인이라는 낙인을 지우고 싶었다. 3,000명이 넘는 식객은 문파와 학파가 다양했다. 그들에게 책을 지으라 명령했다. 춘추 전국 시대 성행한 모든 학문이 녹아든 책 한 권이 나왔다. 여불위는 자기 성을 따 《여씨춘추(呂氏春秋)》라고 이름 붙였다. 여불위는 책에 대한 자신이 넘쳤다. 책을 함양에서 사람이 제일 많이 다니는 길목에 걸어 두고 푯말을 세웠다.

"이 책에서 한 글자라도 더하거나 뺄 수 있다면 천금을 주겠다."

아무도 나서지 않았다. 여불위가 무섭기도 했지만, 책 내용도 나무랄 데가 없었다. 여불위는 왕에게 책을 읽혔다. 어린 왕은 책을 받고 묵묵히 읽었다. 할아버지와 아버지의 죽음은 늘 마음에 걸렸지만, 입 밖으로 내지 않았다. 조나라에서 태어났을 때부터 늘 위협받는 목숨이었다. 생존에 관한 본능이 예민하고 빠르게 움직였다. 몸을 숨기고 때를 기다렸다.

이사가 은밀히 다가왔다. 왕은 이때도 뜻을 물었다. 이사는 손으로 '계집 희(姬)' 자를 썼다. 공중에 쓴 글은 흔적이 남지 않고 소리도 들리지 않는다. 왕은 고개를 끄덕였다. 제왕학을 두루 익혔기에 용인과 책략은 이사와 견주어도 손색이 없을 정도였다. 왕은 이사의 마음을 읽었고 이사는 왕의 마음을 헤아렸다. 여불위가 태후가 있는 감천궁(甘泉宮)에 여전히 드나든다는 것은 이미 알고 있었다. 여불위가 환관을 매수했다면, 왕은 여불위 침실 시종을 포섭했다.

시종에게는 어린 동생이 있었고, 왕은 그 어린 동생을 데려와 자기의 침실 시종으로 썼다. 늙은 홀어미가 혼자 사는 시종 집에는 무사를 보내 집안일을 돌보게 했다. 집도 새로 지어 주었다. 어미와 동생을 인질로 잡아두고 협박하는 한편, 돈으로 마음을 샀다. 왕은 천천히 치밀하게 움직였다. 철저히 계산하고 만일의 사태를 대비해 이중삼중 장치를 해 두었다.

여불위는 조희와 관계를 끝내기로 마음먹었다. 왕의 눈초리가 예사롭지 않았다. 절대 빌미를 주지 말아야 했다. 그때 함양의 노애(嫪毐)라는 자가 힘이 장사면서 미남이라 여자에게 인기가 많았다. 여불위는 노애를 불러 가까이 두면서 조희가 소문을 듣도록 유도했다. 조희는 노애가 어떤 인물인지 보고 싶다며 전갈을 보내왔다. 여불위는 관리를 매수했다. 노애를 잡아들여 부형(腐刑)[23]에 처하라고 지시했다. 관리는 판결만 내리고 형을 집행하는 시늉만 했다. 여불위는 노애의 턱수염을 모조리 뽑고 환관인 것처럼 꾸며 조희 처소로 보냈다. 아무도 의심하는 사람이 없었다.

조희는 노애를 몹시 총애했다. 늘 곁에 데리고 다녔으며 감천궁에 필요한 일은 모두 노애가 결재하도록 했다. 왕은 감천궁으로 문안 가는 일도 피하며 태후가 하고 싶은 대로 내버려 두었다. 왕은 조나라에 단둘만 남았을 때 늘 울던 어머니 모습을 잊지 않고 있었다. 진나라로 간 아버지는 언제 부른다는 기약이 없고, 조나라가 언제 모자를 칠지 몰라 늘 두려웠다. 여불위가 밤마다 찾아와 위로했다. 그때는 단지 위로인 줄만 알았다. 노애가 처소에 들면서부터 어머니 얼굴에 화색이 돌았다. 여인의 마음은 이해가 갔지만, 왕은 어머니의 그런 모습이 싫었다. 당장 노애의 목을 베고 싶었지만, 아직은 때가 아니었다.

얼마 후 조희가 아이를 가졌다. 조희는 무당을 불렀다. 몸이 안 좋으니 점을 치라고 무당에게 일렀다. 무당은 감천궁 터가 나쁘니 나가서 살아야 한다고 했다. 왕에게 보고하자 왕은 옹으로 처소를 옮기라고 했다. 왕의 시야에서 벗어나자 노애는 권력과 힘을 마음껏 휘둘렀다. 노애는 시종을 1,000여 명 부렸고, 벼슬을 구하려는 사람들이 줄을 서서 기다릴 정도였다. 조희가 둘째 아들까지 낳자 노애는 아무것도 두렵지 않았다. 왕의 어머니, 태후가 뒤에서 받치고 있었다.

여불위도 함부로 대하지 못할 정도로 세력이 커졌다. 노애는 점점 안하무인이 되었다. 술을 마시고 함부로 지껄였다.

"왕도 내 자식이야?"

왕도 이 소문을 들어 알고 있었다. 그저 노애의 세력이 커지도록 기다리고 있을 뿐이었다. 왕은 인간의 욕심이 끝이 없다는 것을 알고 있었다. 노애는 만족을 모르고 더 큰 욕심을 낼 것이다. 그때를 이용하려고 태후의 불륜을 눈감고 있었다. 노애에게 말을 잘하는 인물을 골라 보냈다. 권세가 이만하면 왕이 될 수 있다며 부추기라고 지시했다. 왕이 진상을 알면 먼저 공격할 것이라고 했다. 선제공격만이 살길이며 여불위와 연합하면 쉽게 이길 수 있다고 넌지시 일러 주었다.

노애는 마치 왕이 된 양 뽐내면서 출병 준비를 시켰다. 노애는 갑옷을 챙기라 이르고 여불위에게 보낼 편지를 썼다. 관인을 찍고 여불위에게 전해 달라고 빈객에게 부탁했다. 파발마가 급히 떠나는 소리를 들으니 당장이라도 옥좌가 자기 것이 될 것 같았다. 그 순간 관군이 들이닥쳤다. 관군은 미리 와서 잠복해 있다가 편지가 나올 때까지 기다렸다. 평소 손발처럼 따르던 하인은 모두 줄행랑쳤다. 듣기 좋은 말만 하던 빈객들도 도망치기 바빴다. 노애의 권세를 쫓아 모였을 뿐, 애초에 충성심은 없었다. 관군은 노애의 웃옷을 벗기고 손을 묶은 줄을 수레 뒤에 매달았다. 노애는 맨발로 수레가 가는 데로 이리저리 끌려다녔다. 함양 궁궐이 가까워지자 관군은 수레를 멈추었다. 환관 조고(趙高)가 다가와 손짓으로 병사들을 물렸다.

"살 길이 있다."

노애는 무슨 말인지 몰라 눈을 멍하니 뜨고 조고를 쳐다보았다.

"왕은 태후께서 너를 총애하는 것을 알고 계신다. 너를 살려 주려 한다."

노애는 눈을 반짝였다. 명분도 준비도 없었던 반역이었다. 목숨을 부지해 태후에게 돌아가면 부와 권력을 다시 쥘 수 있을 것 같았다. 조고가 귀에 대고 속삭이고 노애는 연신 고개를 조아렸다.

횃불이 대낮처럼 궁궐을 밝혔고 신하들이 왕을 둘러싸고 있었다. 왕은 모든 신하를 불러들였다. 억센 병사들이 노애를 형틀에 앉혀 사지를 묶었다. 노애는 안심했다. 조고가 다치지 않게 해 주겠다고 약속했기 때문이다.

"이 서신은 네놈이 썼냐?"

왕이 직접 물었다. 노애는 고개를 끄덕였다.

"승상 여불위가 시켰더냐?"

노애는 고개를 더 떨구더니 힘없이 대답했다.

"소신은 아무것도 모르고, 그저 승상께서 시키는 대로만……."

신하들이 웅성거렸다. 왕은 알고 있다는 듯 놀라지도 않았다. 왕은 돌연 일어나더니 소리쳤다.

"저놈을 발가벗겨라!"

노애를 벗긴 병사가 놀라자 주변이 크게 술렁거렸다.

"환관이라는 놈에게 없어야 할 것이 있구나. 이 모두가 승상이 시킨 짓이더냐!"

횃불에 비친 왕의 얼굴은 더 벌겋게 달아올랐다. 노애가 왕의 곁에 선 조고를 쳐다보자 조고가 고개를 끄덕였다.

"승상께서 저를 태후께 보내시고, 또 반란을 명령하시고……."

노애가 말을 맺기도 전에 왕이 소리를 질렀다.

"저놈의 목을 당장 베어라."

노애의 목은 단칼에 날아갔다. 왕은 승상이 반역에 연루되었다는 대답만 필요했다. 노애를 살려 줄 마음은 아예 없었다. 여불위를 칠 명분이 필요했을 뿐이다. 여불위가 반역을 꾀했다는 사실을 만천하에 공개하려고 조정에 신료를 불러 모았다. 왕이 여세를 몰아 여불위마저 처형하려고 하자 조고와 이사가 만류했다.

"선대 왕 때 세운 공이 있어……."

이사가 말끝을 흐렸다. 왕은 무슨 뜻인지 알았다. 여불위를 함부로 칠 수는 없었다.

"공을 크게 세운 자를 함부로 처단하면 백성이 따르지 않을 것입니다."

조고가 거들고 나섰다. 왕은 돌아섰다. 아무도 아들이 아버지를 쳐서는 안 된다는 말은 꺼내지 않았다. 왕은 상국 직책에서 여불위를 파직시키고 하남 식읍으로 돌아가라는 명령을 내렸다. 함양에서 하남으로 내려갔지만, 여불위 집에는 여전히 식객이 끊임없이 드나들었다. 왕은 첩보를 통해 늘 보고받았다. 여불위가 칼날을 함양으로 세우지 않을 것도 알고 있었다. 하지만 호랑이와 용이 한집에서 살 수 없는 법. 왕은 여불위에게 편지를 보냈다.

> "그대는(君) 무슨 공이 있어 하남 10만 호를 식읍으로 받았는가? 진나라와 무슨 혈연관계가 있어 중부라 불리는가? 식솔을 데리고 촉으로 떠나라."

여불위는 편지가 '그대'라고 시작하자 읽지 않았다. 조희 얼굴이 잠시 지나갔다. 무릎에서 재롱 피우던 어린 정을 보며 좋아했던 일이 엊그제처럼 선명했다. 장사꾼에서 천하 대국 진나라 승상까지 올랐으니 장부로서 할 일은 다했다는 생각도 들었다. '너무 멀리 왔나, 멈출 때를 알았어야 했는데…….' 하는 자책도 들었다. 촉으로 떠나면 왕은 더 멀리 옮기라 할 것이고 다음에는 자객을 보낼 것이다.

'내가 했던 대로 하겠지. 약삭빠른 토끼를 잡으면 아무리 좋은 사냥개라도 삶아 먹고, 새 사냥이 끝나면 아무리 좋은 활도 활집으로 집어넣는다고 하더니만! 내 일은 끝났나 보다.'

여불위는 술잔에 조용히 독을 따랐다.

여불위가 죽었다는 소식이 함양에 전해지자 왕은 여불위가 조정에 심어 둔 측근을 하나둘 제거했다. 노애의 두 아들에게도 자객을 보냈다. 어머니 조희에게는 함양으로 돌아오지 말라고 소식을 전했다. 이사는 작위가 더 올랐고 조고는 왕을 더 가까이에서 모시게 되었다.

[21] 황제헌원(黃帝軒轅)이라고 함. 사마천이 《사기》에서 전설 속에 나오는 다섯 임금을 꼽았는데, 첫째가 황제 헌원이다. 후대에 진시황이 스스로를 높일 때도 '황제(皇帝)'라고 불렀는데 이것과는 한자가 다르다. '黃帝'는 왕호이다.

[22] 비룡승운(飛龍乘雲). 영웅이 때를 만나 세력을 얻는다는 뜻.

[23] 성기를 자르는 형벌.

7

인간의 본성을 바꾸다

한비가 진나라에서 한나라로 돌아오니 당질(오촌 조카)이 왕위에 올랐다. 선왕인 환혜왕은 한비의 사촌 형이었다. 한비는 조카 왕안(王安)을 만나 중원 형세를 들려주고 치국 비책을 가르쳐 주고 싶었다. 이때 한나라는 한기(韓玘)라는 거물이 실권을 쥐고 있었다. 한비가 여러 차례 왕에게 알현을 청했지만, 그때마다 한기가 가로막았다. 한비는 조국의 미래와 조카의 앞날이 눈앞에 그려졌다. 왕은 평범하다 못해 어리석었고 신하의 권력이 왕을 능가했다. 그런 나라는 망했고 역사에서 사라졌다.

한비는 법을 세우고 신하를 다루는 용인술을 가르치고 싶었다. 왕이 살고 나라가 존속해야 전쟁으로 신음하는 백성을 구할 수 있을 것 같았다. 상소를 올려도 왕으로부터 아무런 대답이 없었고 왕이 읽는지조차 알 수 없었다. 스승이 왜 무(武)를 버리고 은거에 들어갔는지 알 것 같았다. 한 사람의 무로는 천하를 구할 수 없고, 당대에 뜻을 이룰 수 없다면 후세를 기다려야 한다. 그러려면 무가 아니고 문(文)이 필요했다. 한비는 스승 순자와 무명에게서 배운 것을 곱씹고, 진나라 상앙의 행적을 찬찬히 되새겼다. 문을 잠그고 밖으로 나가지 않았다.

무명이 준《도덕경》5,000여 자를 수없이 읽었다. 앞에서 뒤로도 외우고 뒤에서 앞으로도 외웠다. 스승이 쓴 글이 세상에 나오면 읽고 또 읽었다.

사람들은 순자의 글을 서로 먼저 읽으려 앞을 다투었다. 그러는 사이 꽃은 몇 번이나 피고 제비는 잊지 않고 옛집을 찾아왔다.

한비는 때때로 책을 덮고 밖으로 향하는 모든 감각을 차단했다. 무명이 가르쳐 준 대로 마음을 고요하게 가라앉혔다. 움직임이 없으니 먹지 않아도 기력은 그대로였다. 자신이 숨 쉬는지도 몰랐다. 숨이 저절로 들고 나는 것 같았다. 때론 텅 빈 우주에 혼자 있는 것처럼 느껴졌다. 세상이 아래로 내려다보였고 우주를 굽어보는 위치에 있는 듯했다. 만약 왕이 이 자리에 앉는다면 나라가 저절로 다스려지고 천하가 평화로울 것 같았다. 순간 호흡마저 끊겼다. 숨 쉬는 것도 잊고, 생각도 사라졌다. 그 순간은 짧았지만 한비는 영원처럼 느꼈다. 꽈광! 굉음에 귀청이 찢어지는 듯해 한비는 눈을 떴다. 밖에는 천둥도 우레도 없었다. 새벽이슬이 나뭇잎에서 떨어졌다. 연못에 파문이 소리 없이 둥글게 퍼졌다. 한비는 쓰러져 몇 날을 잤다.

한비는 눈을 뜨자마자 스승의 글을 다시 읽었다. 같은 글이었는데 의미가 다르게 다가왔다. 초나라에서 서찰이 왔다고 사동이 전했다. 스승이 보낸 편지였다. 춘신군이 수하 이원(李園)에게 피살되었다는 소식부터 전했다. 춘신군은 순자를 초나라로 초빙하고 후원했던 강호의 실력자였다. 맹상군, 신릉군, 평원군과 더불어 전국(戰國) 4대 공자로 불렸다. 강호를 떠받치던 한 축이 무너졌다. 영원할 것 같은 여불위도 이때 권력을 잃고 하남으로 쫓겨났다. 대세가 바뀌고 있었다. 혼란 끝에 평화가 오고 평화가 다하면 혼란이 왔다. 지난 역사가 늘 그랬다. 은나라도 그랬고, 주나라도 그랬다. 성군이 나왔고 폭군도 나왔다. 군자도 나왔고 소인도 나왔다. 한비는 이 끝없는 전쟁이 정점에 왔다는 것을 직감했다. 춘신군의 죽음은 한 시대가 저물고 있다는 뜻이었다.

스승은 단정하고 반듯하게 글씨를 썼다. 획은 곧고 발라 자로 잰 듯 정확했다. 멋을 부리고 과장을 싫어하는 품성이 드러났다. 글씨처럼 글도 간결하게 요점만 짚어 갔다. 고전을 두루 인용하면서도 과시하지 않았다. 부드러우면서 힘이 넘쳤고 조용하면서도 마음을 크게 울렸다. 글을 읽지 않고 글씨를 한참 내려다보다 《주역》을 인용한 구절에서 시선을 멈추었다.

"여우가 강을 건너면 꼬리를 적시게 마련이다."

처음에는 여우가 꼬리를 들고 건너므로 꼬리가 물에 젖지 않는다. 그런데 물길을 건너다 보면 힘이 빠지고 꼬리가 처지게 마련이다. 물은 험난한 시대를 비유하고 꼬리는 마음을 뜻한다. 칼날이 불꽃을 튕기는 시대에는 첫 마음이 흔들리므로 늘 몸조심하라는 말이었다. 한비는 스승의 숨결이 느껴져 가슴이 뜨거워졌다. 스승의 품을 떠난 지 10년이 넘었지만, 실력이 늘지 않고 제자리인 것 같아 답답했다. 이어 아마도 마지막 글일지 모른다며 최근에 쓴 글을 함께 보내왔다. 제목도 붙어 있었다. '성악(性惡)'이었다. 스승이 줄곧 했던 말이었지만 한비는 반신반의했다. 인간의 본성이 악하다는 말은 받아들였지만, 본성을 바꾸는 방식은 스승과 달랐다. 한비는 허리를 곧게 펴고 소리 내서 천천히 읽었다.

> 사람의 본성은 악하다. 수련을 거치고 공부해야 사람은 착해진다. 태어나서 배우지 않으면 제 것만 챙기려 들어 예의는 사라지고 다툼만 생긴다. 시기하고 질투하는 것이 인간의 본성인지라 전쟁과 살육이 난무하고 진실과 믿음은 사라진다. 눈은 제게 좋은 것만 보려 하고 귀도 제게 좋은 소리만 좇으려 한다. 욕심은 끝이 없고 재화는 적다. 본성대로 내버려 두면 제 욕심만 채우려 들어 전쟁은 끝나지 않는다.
>
> 무딘 쇠는 숫돌에 갈아야 날카로워지고, 굽은 나무는 도지개로 바로잡아야 곧아진다. 사람도 밖에서 바로잡아 주지 않으면 욕망

만 좇는 짐승이 된다. 그래서 성인(聖人)께서는 법과 예의를 세우고 가르침을 남기셨다. 성인도 현명하게 태어나지 않았다. 성인도 보통 인간과 다를 것이 없었다. 인간은 짐승과 달리 생각하고 공부하는 능력이 있다. 호랑이처럼 날카로운 이빨도 없고, 새처럼 날개도 없지만, 생각하고 공부하는 능력이 있어 인간은 세상에서 제일 귀한 존재이다. 성인께서는 뼈를 깎는 수련을 거듭하여 범인과 다르게 높은 경지에 오르셨고 법과 제도를 만들 수 있었다. 평범한 이도 갈고 닦으면 누구나 성인처럼 절대 경지에 오를 수 있다. 신명에 통하고 천지와 어깨를 나란히 할 수도 있다.

누구나 성인이 될 수 있지만, 모두가 성인은 되는 것은 아니다. 각고의 노력이 없으면 경지에 오를 수 없다. 마지막 관문은 자기가 뚫어야 한다. 어리석은 백성을 위하여 성인께서 그 길을 만들어 두셨던 것이다. 성인의 말씀을 따르고 고금의 이치를 익히고 또 익히고 마음을 다스리면서 몸을 단련한다면 신통의 길이 열린다. 범인은 이런 능력을 제대로 기를 수 없다. 그래서 본성을 바꾸고 혈을 터 주어야 참된 인간이 될 수 있다. 성인이 세운 법과 제도로 다스리고 예의로 교화시켜야 한다. 중원의 평화는 거기에 달려 있다. 화성기위(化性起僞), 이 네 글자를 가슴에 깊이 새겨라.

한비는 자세를 추스르며 호흡을 골랐다. 생각이 가라앉고 머리가 맑아졌다. 스승과 무명, 상앙을 번갈아 떠올렸다. 스승의 성악론, 무명을 통해 배운 노자의 무위자연, 상앙이 만든 법, 셋을 하나로 묶으면 새로운 길이 보일 것도 같았다. 인간이 악한 존재라면 악으로 악을 다스릴 수는 없다. 굽은 나무를 펴려면 곧은 자가 있어야 하고 무딘 쇠를 갈려면 숫돌이 필요하다. 사람의 악은 굽은 나무나 무딘 쇠와 같다. 악을 다스리지 않으면 전쟁은 끝나지 않을 것이다. 화성기위. 인간의 본성을 바꿔야 한다.

스승은 악을 법과 예로 다스려야 한다고 했고, 상앙은 벌로 금지하고 상으로 장려해야 한다고 했다. 스승도 상앙도 법이라고 했지만, 말은 같으나 뜻이 달랐다. 스승이 말한 법이 바른길이라면 상앙이 말한 법은 포상과 형벌이다. 법과 예가 곧은 자가 될 수 있을까? 설령 법과 예가 곧은 자가 된다 하더라도 곧은 자를 누가 어떻게 쓸 것인가? 한비는 생각에 깊이 빠져들었다. 스승이 말한 교화는 멀고, 상앙이 말한 법은 가혹하다. 가르치고 길들이려면 오랜 시간이 걸린다. 작은 죄를 엄격하게 처벌하면 처음에는 효과가 있겠지만, 나중에는 물불을 가리지 않을 것이다. 길거리에 재를 버려도 손이 잘리고 나라를 훔쳐도 손이 잘린다면 모두 나라를 훔치려 들 것이다.

짐승 소리가 산바람에 실려 왔고 대나무가 바람에 흔들리며 서걱거렸다. 한비는 등잔도 켜지 않고 앉아 생각에 빠져 있었다. 바람이 거세졌다. 방 앞 벚나무 가지가 툭 하고 부러졌다. 대나무는 바람이 부는 대로 흔들리다 바람이 잦으면 원래대로 꼿꼿이 섰다. 속이 꽉 찬 벚나무는 바람에 부러졌고, 텅 빈 대나무는 바람을 타고 깊은 소리를 냈다.

해가 떨어져도 방에서 기척이 없자 사동은 걱정되어 밖에서 주인을 불렀다. 주인은 대답이 없었다. 급히 물을 챙겨 방문을 열고 들어갔다. 어두운 방 안 한비의 두 눈에서 섬광이 번쩍했다. 사동은 놀라 그릇을 떨어뜨렸다. 놋그릇이 방 안을 빙글빙글 돌았고 사동은 어쩔 줄 몰라 안절부절못했다. 놋그릇은 원을 그리며 한참 돌더니 제자리에 멈췄다. 한비는 그 광경을 가만히 보고 있었다. 사동은 안중에도 없었다. 빈 그릇만 지긋이 바라보았다. 그릇도 텅 비었고 대나무도 텅 비었다.

'빔(虛)이라.'

꾸중을 각오했던 사동은 슬그머니 뒤꽁무니를 빼고 나갔다. 사동이 조심조심 방문을 닫았지만 한비에겐 그 소리가 천둥처럼 들렸다. 사동이 방을 나서려고 문을 여는 순간이었다. 안팎이 사라지고 천지가 모두 방처럼 느껴졌지만, 방문을 닫자 갑자기 방 안이 좁쌀처럼 작게 느껴졌다. 무는 무한하고 유는 유한하다. 그릇도 비어야 담을 수 있고, 대나무도 텅 비어야 소리가 나고 바람에 흔들려도 부러지지 않는다. 그렇다면 모든 것은 저 무(無)에서 비롯되었는가!

"비어서 부러지지 않고 흔들리면서 더 많이 나온다. 무명은 천지의 시작이라!"

한비는 《도덕경》 몇 구절을 암송했다. 찰나에 하늘과 땅의 비밀이 저절로 풀리는 것 같았다. 이 세상에서도 백성은 관리를 따를 수밖에 없고 관리는 군주를 따를 수밖에 없다.

"인법지, 지법천, 천법도, 도법자연(人法地, 地法天, 天法道, 道法自然)."

인간은 땅을 본받고, 땅은 하늘을 본받고, 하늘은 도를 본받고, 도는 자신을 본받는다. 도는 만물의 근원이지만, 그 어떤 것으로부터 제약받지 않고 자기 법칙에 따라 저절로 움직이며 만물을 다스린다. 만약 군주가 도의 자리에 서서 법을 만들고 신하와 백성을 다스리면 질서가 잡히고 전쟁은 사라질 것이다.

"게 아무도 없느냐?"

사동이 걱정스러운 낯빛으로 황급히 달려왔다.

"안채에다 아호(阿縞)를 준비하라 이르거라."

아호는 가는 누에 실로 짠 흰 비단이다. 가는 실로 짜야 하므로 품이 많이 들고 손재주가 좋아야 한다. 최고급 비단으로 왕의 후궁도 구하려고 다투던 물건이다. 아호를 마주하고 한비는 서수필(鼠鬚筆)을 꺼냈다. 서수필은 쥐 수염 털로 만든 가는 붓이다. 붓털이 가늘어서 필력이 없으면 중심이 서지 않고 흔들린다. 니산석연(尼山石硯)을 꺼내 송연묵(松煙墨)으로 먹을 갈도록 했다. 니산석연은 공자의 어머니가 아들을 갖게 해 달라고 빌던 산에서 캔 돌로 만든 벼루이다. 먹을 갈고 한 달을 두어도 먹물이 마르지 않는 명품이다. 송연묵은 고송을 태워 나는 그을음을 아교질로 붙여 만든 것으로 가루가 곱고 청홍색 빛이 감돌며 향이 좋다. 한비는 문방사우를 갖추고 사동에게 우물물을 길어 오라 일렀다.

준비가 끝나자 한비는 사동을 데리고 산을 올랐다. 깊이깊이 들어갔다. 비단을 잘라 나뭇가지에 묶었다. 사동이 따라오도록 흔적을 남겼다. 승냥이인지 호랑이인지가 어둠 속에서 눈을 밝히며 따라왔다. 길이 끊겼다. 사람의 자취조차 없다. 한비는 너른 바위를 찾아 올라가 웃옷을 벗고 달빛을 받으며 사동을 기다렸다. 한참 지나 사동이 숨을 헐떡이며 따라왔다.

"내려놓고 먹을 갈아라."

달빛에 먹물이 하얗게 반짝였다. 부엉이 울음소리가 끊기며 먹 가는 소리만 사각사각 산중에 울려 퍼졌다. 한비는 정좌하고 단전으로 깊이 숨을 끌어당겼다. 사동은 한비를 힐끗 쳐다보며 먹을 갈았다. 순간 한비가 사라졌다. 눈을 비비고 다시 보면 한비가 정좌한 그대로 있었다. 그러길 몇 번이나 반복했다. 어떤 때는 바위인지 한비인지 분간이 되지 않았고 어떤 때는 달빛 속으로 사라진 듯했다. 먹물은 점점 푸르게 빛났다.

한비가 눈을 뜨고 붓을 잡았다. 하얀 비단에 푸른 먹물이 용처럼 꿈틀거렸다. 글씨가 살아 기운이 넘쳤다. 사동은 넋을 잃고 바라보았다. 한비는 숨을 멈추고 단숨에 글씨를 써 내려갔다. 한 번 찍은 먹으로 단숨에 3,000자를 썼다. 한 폭이 끝나자 잠시 멈추었다. 다시 정좌했다. 그러고는 미동도 없이 밝아 오는 먼동을 맞았다. 솔잎을 털어 이슬 몇 방울로 목을 적셨다.

한비는 사동에게 아호를 더 갖고 저녁에 다시 오라 이르고 자리를 차고 가볍게 날아올랐다. 사동이 저녁에 가면 어김없이 그 자리에 한비가 있었고, 먼동이 터 오면 사라졌다. 그 사이 달이 한 번 찼다 기울었다. 비단이 쌓여 사동이 한 폭을 올리려면 까치발을 해야 했다. 사동은 한비 글이 나올 때마다 세상에 전했다. 한나라를 넘어 중원으로 빠르게 퍼져갔다. 마지막 문장을 쓰자 10만 자가 넘었다. 한비는 지난 역사를 일일이 짚어가며 군주가 어떻게 나라를 다스려야 하는가에 대해서 피를 토할 듯 격정을 다해 썼다. 문장은 웅혼하고 힘이 넘쳤다. 글을 읽으면 한비의 숨결이 느껴지는 듯했다. 역사를 바탕으로 해 근거가 탄탄하고, 논리에 허점이 없어 반박할 틈이 거의 없었다. 논리를 따라가다 보면 저절로 고개가 숙여지고 설득되었다.

진나라에서 왕과 이사가 제일 먼저 읽었다. 왕은 고개를 끄덕였고 이사는 섬뜩했다. 평소 한비의 재주가 자기보다 뛰어난 줄은 알았지만, 이 경지까지 오를 줄은 몰랐다. 이사는 얼굴을 일그러뜨렸다가 잠시 생각하더니 음흉하게 웃었다. 같은 스승에게서 배웠지만, 섬기는 왕이 다르고 가는 길이 달랐다. 한비는 한나라를 지켜야 하고 이사는 한나라를 쳐야 한다. 피할 수 없는 운명이라면 부딪칠 수밖에 없다. 역사는 살아남은 자를 강하다고 기억할 것이다.

한비는 하산하자마자 관복을 찾았다. 조카인 왕을 만날 참이었다. 이사는 초나라를 공격하기 전에 먼저 한나라를 칠 것이다. 지금 한나라는 달걀을 쌓아올린 것처럼 위태로운 형국이다. 궁궐에 닿자 한기 수하의 수비대장이 길을 막고 섰다. 한비는 일격에 제압했다. 마침 조정에 들어오던 한기가 그 광경을 지켜보고 수하 병사들을 제지했다. 왕족인 한비를 명분 없이 제거할 수는 없었다. 한비는 한기를 차갑게 쳐다보았다. 한비는 한기를 나라를 갉아먹는 좀이라고 생각했다.

"공자께서 어인 일로 궁궐에 드시는지요?"

한기는 음험하게 웃으며 살찐 턱을 어루만졌다. 가마를 멘 하인들 얼굴에 땀이 비 오듯 흘러내렸다.

"왕께서는 사사로이는 조카인지라 지나는 길에 들렀소."

"관복을 입으신 걸로 보아하니 지나는 길이 아닌 듯하오만?"

한기도 한비의 글을 읽었다. 신하의 권세가 임금을 능가하면 반드시 그 임금을 살해하므로 나라의 중신을 처단해야 한다는 것이었다. 또 이런 이야기도 있었다. 몸뚱이는 하나인데 목이 두 개인 뱀이 있는데 훼라고 한다. 훼는 먹이를 두고 서로 물어뜯다가 결국 죽고 말았다. 목이 둘이라는 것은 자신을 비유하는 것과 같았다. 한기는 한비가 목에 비수를 들이대는 듯 섬뜩했다. 한기도 한비를 제거할 기회를 엿보고 있었다.

"좀 같으니라고!"

강직한 한비는 앞뒤를 돌보지 않고 할 말은 다하는 성격이다. 한기를 호위하는 자객이 칼을 뽑으려 했다. 한기가 눈짓으로 제지했다. 한비는 인사도 하지 않고 팽하고 돌아서 가 버렸다.

"저자는 강호의 명망이 높다. 명분을 만들어야 해. 내 손에 피를 묻힐 수 없지."

한비가 후원을 찾았을 때 음악이 귓전을 어지럽혔다.

왕은 술이 반쯤 취한 채 한비를 맞았다. 웃옷은 흘러내렸고 곁에서 시녀들이 요사스럽게 웃고 있었다.

"숙부께서 어인 일로?"

"성상, 이는 폭군 주왕이 듣던 음악이 아니옵니까? 망국의 음악이옵니다."

"듣기 좋은데 왜 그러오?"

"폭군 주가 저 음악을 듣고 음란한 마음이 생겨 정사를 멀리하고 술과 여인만 가까이하다 나라가 망했습니다."

"허어 참, 노래 몇 곡 듣다 나라가 망했다니, 숙부도 어지간하시오. 참!"

"화의 씨앗은 작은 데서부터 자랍니다."

한왕은 불쾌하다는 듯 술잔을 거칠게 낚아챘다.

"폭군 걸이 술을 마시다 천하를 잃었습니다. 술을 마시면 천자는 천하를 잃고 필부는 자신을 잃습니다."

"음악도 듣지 마라. 술도 마시지 마라. 그 참 과인더러 어쩌란 말이오?"

한왕은 코끼리 엄니인 상아(象牙) 젓가락으로 고기 산적을 집어 우물우물 씹었다.

한비는 젓가락을 보고 이 나라도 끝이라고 생각했다. 옛날 폭군 주가 젓가락을 상아로 만들자 신하가 불안에 떨었다는 이야기 때문이었다. 상아 젓가락을 쓰면 질그릇이 아니라 옥그릇을 쓸 것이고, 상아 젓가락과 옥그릇을 쓰면 거친 음식을 담지 않고 진귀한 음식을 먹으려 할 것이고, 삼베옷이 아니라 비단옷을 입으려 할 것이며, 궁궐도 더 크게 지을 것이다. 드러나지 않지만 모든 일에는 단서가 있다. 하나를 보면 열을 알 수가 있다. 한비는 옛날 진나라 목공이 융나라를 정벌한 이야기를 꺼냈다.

융나라 왕이 신하 유여(由餘)를 진나라에 사신으로 보냈다. 목공이 유여를 맞으며 물었다.

"과인은 도를 듣기는 했지만, 직접 보지는 못했소. 군주가 어떻게 하면 나라를 잃고 어떻게 하면 나라를 얻소?"

유여가 대답했다.

"검소하면 나라를 얻고 사치하면 나라를 잃는다고 들었습니다."

"과인은 예를 갖추고 그대에게 도를 물었소. 그대는 고작 검소와 사치만 논한단 말이오?"

유여가 낯빛을 바꾸며 일어섰다.

"옛날 요임금이 천하를 다스릴 때 흙 그릇에 밥을 먹고 흙 잔으로 물을 마시면서도 남북으로 영토를 넓혔습니다. 해가 뜨고 지는 데까지 모두 요임금에 복종했지요. 요임금이 천하를 순임금에게 물려주었는데, 나무로 그릇을 만들고 옻칠해 윤이 나게 했습니다. 이를 본 제후국은 사치스럽다며 열세 나라나 순임금을 떠났습니다. 순임금에게 천하를 물려받은 우임금은 목기에 옻칠을 하고 안에 붉은 무늬를 새겼습니다. 명주로 그릇 받침을 만들고, 술잔에도 색을 입히고 제사 그릇에 장식을 붙였습니다. 이를 보고 떠난 제후국이 서른셋이나 되었습니다. 은나라에서 임금이 타는 수레를 만들고 화려한 깃발을 세우며 벽은 흰색으로, 계단은 붉은색으로 칠하기 시작했습니다. 사치가 점점 심해지자 제후국 쉰셋이 떠났습니다.

역사를 돌아보아도 군주가 검소하면 나라가 흥하고 사치하면 나라가 망한다는 것을 알 수 있습니다."

유여가 말을 끝내고 예를 갖추고 물러났다. 목공은 내사 요(寥)를 불렀다.

"이웃 나라에 성인이 있으면 우리에게는 걱정거리라고 들었소. 유여는 성인이오. 내 어찌하면 좋겠소?"

요가 대답했다.

"융 땅은 중원과 멀어 융왕은 중원 음악을 듣지 못했을 것입니다. 융왕에게 여악사를 보내 음악과 여색에 빠지도록 하십시오. 그러면서 유여를 더 머물게 해 달라고 청하십시오. 융왕이 음악에 빠져 정치를 돌보지 않더라도 유여가 간언하지 못할 것입니다."

이에 목공은 요를 융나라에 사신으로 보내면서 여악사 열여섯 명을 딸려 보냈다. 그리고 유여의 귀환을 늦춰 달라고 청했다. 융왕은 여악사를 보고는 이를 허락했다. 융은 원래 유목하던 나라라 해마다 유목지를 옮겨 풀이 새로 자라는 곳으로 가야 했다. 그런데 융왕은 날마다 주연을 열어 음악과 여색에 빠져 해가 바뀌어도 유목지를 옮기지 않았다. 그 사이 키우던 소, 말 절반이 굶어 죽었다. 유여가 귀국해서 아무리 간언해도 융왕은 듣지 않았다. 유여는 융을 떠나 진나라로 망명했다. 목공은 유여를 맞아 벼슬을 주고 융의 병력과 지형을 묻고는 군사를 일으켜 융을 멸망시켜 버렸다. 목공의 군대가 융왕의 거처로 쳐들어갔을 때도 융왕은 여전히 술을 마시며 음악에 빠져 있었다.

"숙부는 과인이 망했으면 하오?"

한비는 말문이 막혔다. 곧고 강한 성격이라 임시변통이 약하다. 본래 한비는 나라를 다스릴 방법을 가르쳐 주려 왕을 찾았으나 그 말은 꺼내지도 못했다. 한비는 유세(遊說)[24]의 어려움을 절감했다. 지식이나 말솜씨의 문제가 아니다. 상대의 마음을 정확히 알아야 한다. 상대가 어리석은데 어려운 이야기를 하면 잘난 체한다고 여길 것이다. 상대가 명예를 중시하는데 돈 버는 이야기를 하면 천하다고 여길 것이고, 돈에 관심이 있는데 명예에 관한 것을 이야기하면 세상 물정 모른다고 할 것이다. 한비는 조카의 미래를 보는 것 같아 가슴이 미어졌다.

한비가 앞을 내다본 대로 한왕은 진나라에 패해 목이 날아간다. 왕은 죽고 나서 시호를 받는다. 그런데 한나라가 망하니 후손이 없어 이 왕은 시호도 받지 못한다. 그래서 단지 '한왕안'이라고 불린다. 한은 성이고 왕안은 이름이다.

"사사로이는 소신이 숙부이고, 한나라의 운명이……."

"듣기 싫소!"

왕은 술잔을 바닥에 내동댕이쳤다. 나가라는 뜻이다. 한비는 왕을 노려보고는 뒷걸음쳐 물러났다. 궁궐 문을 나서면서 한비는 길게 한숨 쉬었다. 세상에 요순 같은 성군이 연달아 나온다면 늘 태평성대이겠지만 세상은 그렇지 않다. 평범한 왕이 더 많다. 재능이 없더라도 법에 따라 정치를 하면 제 몸도 지키고 나라도 번영하는데 왕이 듣지 않으니 방안이 없다. 한비는 잠시나마 이사가 부러웠다. 이사는 상대 의중을 꿰뚫고 능수능란하게 말을 풀어 간다. 그래서 원하는 것을 얻는다. 려려도 결국 이사 곁으로 갔다.

한비는 마음을 추슬렀다. 서로 길이 다르다. 스승이 왜 도관을 닫고 은거에 들어갔는지 이제 알 것 같았다. 스승의 학문은 너무나 커서 세상 사람이 알아보지 못한다. 진정 큰 소리는 듣지 못하는 법이다.

한비는 외롭고 답답했다. 알아주는 사람이 없어 외로웠고 듣는 사람이 없어 답답했다. 한비는 집으로 돌아오자마자 쓰러졌다. 깊은 잠에 빠져 며칠이 지나도 일어나지 않았다.

[24] 책사가 여러 제후국을 돌아다니며 왕에게 자신의 의견을 말하여 설득하는 일.

8

시대의 변화를 따르라

진왕 정은 스물두 살 되던 해 기년궁(蘄年宮)에서 관례를 치르고, 왕후를 맞았다. 또한 노애를 진압하고 여불위를 숙청했다. 생부를 죽였다는 소문이 떠돌았지만, 왕은 태연히 집무를 보았다. 세금을 20배 거두었고, 요역은 30배를 늘렸다. 아들이 둘만 있어도 세금을 더 거뒀다. 백성은 농사보다 왕의 묘를 짓는 일에 자주 불려 가 노동에 시달렸다. 왕위에 오르면서 짓기 시작했지만 10년이 지나도록 아직 터도 잡히지 않았다. 정한 시간 안에 일을 끝내지 못하면 매를 맞았고, 행여 도망치다 잡히면 발뒤꿈치가 잘렸다.

길거리에 재를 버리면 손목이 잘렸고, 무 한 뿌리라도 훔치다 잡히면 먹물로 얼굴에 도둑이란 뜻의 글자를 새겼다. 함양 도심은 겉으로는 깨끗하고 평온해 보여 아무도 불평이 없을 것 같았다. 연좌제를 만들어 이웃끼리 서로 감시하게 하였다. 법이 가혹하다 한탄하는 소리를 들은 이웃 사람은 재빨리 관청에 고발해 상을 받았다. 불평한 사람은 허리가 잘려 죽었다. 만약 처음 불평을 들은 사람이 고발하지 않은 것을 다른 이웃이 보고 관청에 고발하면, 고발하지 않는 사람은 불평한 사람과 같은 형벌을 받았다. 전쟁에서 적의 목을 베면 작위가 하나 올라가고 농토를 상으로 받았다. 전쟁에서 도망치면 첩자로 여겨 허리를 베었다. 진나라 군대는 승냥이 같다고 모두 도망치기 바빴다.

왕은 냉정하고 주도면밀했다. 신하들은 두려워 벌벌 떨며 왕의 명령에 기계처럼 움직였다. 왕이 조나라에 가서 청(淸)을 찾아오라 명령을 내렸을 때 신하들은 당황했다.

청은 정이 왕이 되기 전 조나라에 인질로 있을 때 옆집에 살던 의원 딸로, 왕의 첫사랑이었다. 인질이라고 이웃이 모두 따돌릴 때 청은 정을 친구로 대했다. 정이 아프면 의원 몰래 약을 챙겨 주었고, 아궁이에 연기가 오르지 않으면 제 먹던 밥을 남겨 정에게 가져다주었다. 어느 날 정과 놀던 청이 정의 집에서 잠든 적이 있었다. 아비인 의원이 딸을 매질했고 며칠 동안 얼굴도 볼 수 없었다. 정이 의원 집 앞을 기웃거리면 하인이 와서 대문을 닫았다. 하인은 정에게 욕을 하지 않았다. 인질이었지만 정은 왕족이었다. 청이 해쓱한 얼굴로 다시 나타나자 정은 울었다. 청은 환하게 웃었다.

정은 한밤중에 진나라로 도망쳐야 했다. 징은 청에게 마지막 인사를 하고 싶었다. 어머니 조희가 말렸다. 혹시 청의 아버지가 고발할

지도 몰랐기 때문이다. 정은 왕위에 오른 후, 사람을 풀어 계속 청의 신변을 보고받고 있었다. 청은 정이 갑자기 사라지자 며칠을 울었다. 의원이 서둘러 시집을 보냈다. 청은 혼례를 치른 첫날밤에도 울었다. 아이를 생산하지 못했지만, 남편은 청을 아꼈다. 성혼하고 2년이 지나던 해, 남편은 전쟁에 끌려가 돌아오지 않았다. 청은 친정으로 돌아와 의원 일을 돕고 가끔 정이 살던 집에 들러 혼자 울곤 했다.

청이 함곡관을 지나 기년궁으로 온다는 보고를 받자 왕은 손수 말을 몰고 맞으러 갔다. 왕은 옛날의 그 소년처럼 울었다. 청도 울었다. 지켜보던 신하들은 어쩔 줄 몰라 우왕좌왕했다. 왕의 속마음을 알 수 없어 불안했다. 왕은 청을 후궁으로 들이지 않았다. 기년궁 옆에 집을 새로 지어 주고 궁녀를 보냈다. 왕은 청을 찾지 않고 안부만 물었다.

왕은 정적을 제거할 때도 여인을 맞을 때도 자기 전에는 반드시 책을 읽었다. 조희가 그렇게 가르쳤다. 책을 읽고 훗날을 준비해야 한다며 어느 순간이라도 손에서 책을 놓지 말라 했다. 조희는 가련한 여인이었지만 강한 어머니였다. 왕은 한비의 글을 읽고 있었다. 순자는 중원에서 명성이 자자했지만, 한비라는 이름을 아는 사람은 거의 없었다. 왕은 여불위처럼 중원 곳곳에 첩자를 심어 두었다. 첩자는 조정을 통하지 않고 왕에게 바로 보고했다. 왕은 중원의 동태를 하나도 놓치지 않으려 했다. 사태가 발생하고 나서 대처하면 이미 늦다.

싹이 자라기 전에 미리 파악해 두려고 했다.

이웃 나라에 인재가 있고 좋은 책이 있다면 진나라에는 화근이 된다. 왕은 한비가 순자 밑에서 이사와 동문수학한 사실도 이미 파악하고 있었다. 순자는 강호에 널리 알려진 인물. 그 밑에서 자란 인물이니 보통은 아닐 것이라 짐작했다. 왕은 한비 글을 읽으며 연신 무릎을 치고 탄성을 질렀다.

'그 스승에 그 제자라. 스승보다 나을지도…….'

왕은 공자의 인정(仁政)[25]이나 묵자의 겸애(兼愛)[26] 같은 말을 싫어했다. 현실성 없는 공허한 말이라 생각했기 때문이다. 그러나 한비는 달랐다. 실례를 들어 주장하고 대안을 분명하게 제시했다. 비유하여 쉽게 설명하는 것도 마음에 들었다.

한비는 성인이나 선왕이 만든 법칙만 고집하지 말고 시대에 맞게 새로운 통치술을 익혀야 한다고 열변하면서 수주대토(守株待兎)라는 고사를 들었다.

송나라에서 어떤 농부가 밭을 갈고 있었는데 마침 토끼가 달아나다 나무 그루터기에 부딪쳐 죽고 말았다. 다음 날 농부는 쟁기를 내동댕이치고 토끼가 그루터기에 부딪쳐 죽기만을 기다렸다. 그런 일은 다시 일어나지 않았고 송나라 사람 모두가 농부를 비웃었다. 한비는 이 고사를 들어 옛것만 고집하고 시대 변화를 따르지 않는 무리를 비판했다. 시대가 바뀌면 새로운 통치술이 필요한 법이다. 한비가 강조하는 치국의 방안은 다른 학파와 확연히 달랐다. 왕은 한비 말을 따르면 천하 통일을 곧 이룰 수 있을 것 같았다. 특히 〈오두(五蠹)〉 편이 마음에 들었다. 오두는 '좀 다섯 마리'라는 뜻으로 임금을 속이고 나라를 갉아먹는 신하를 좀에 비유한 것이다. 한비는 이들을 처단해야 한다고 열변을 토했다. 좀 같은 부류는 반드시 제거해야 한다면서 한비는 거칠게 비난했다.

학자인 체하면서 선왕의 도를 칭송하고, 인의를 빙자하여 옷차림 같은 형식을 중시하는 등 말을 교묘하게 꾸며 법을 혼란시켜 군주 마음을 어지럽히는 자. 옛일을 들먹거리면서 거짓말하고 군주의 힘을 빌려 제 잇속을 챙기고 사직을 위태롭게 만드는 자. 칼을 차고 다니면서 무리를 모아 의리를 강조하고, 허명을 떨치면서 국법을 어기는 자. 군주를 가까이 모시면서 뇌물을 쓰는 자만 군주에게 알현시키고 성실한 사람을 가리는 자. 장사하거나 물건을 만들어 팔아 농부와 같은 이익을 내 축재하면서 기회를 노리는 자. 한비는 나라와 선량한 백성을 갉아먹는 좀 같은 존재를 제거하지 않으면 반드시 나라가 망한다고 목청을 높였고 왕은 탄복했다. 왕은 한비를 직접 만나고 싶었다. 혼잣말로 중얼거리면서 당직 사령을 불렀다.

"이 사람을 직접 만나면 죽어도 여한이 없겠다. 이사를 불러라!"

밤이 깊어서 사령이 머뭇거렸다.

"다급하니, 관복을 입지 말고 그냥 들라 하라."

사령이 이사 집에 어명을 전하러 왔을 때 이사도 한비 책을 읽고 있었다. 학문과 글은 자기가 절대 따라잡을 수 없을 것 같아 질투로 마음이 들끓었다. 한편 한비가 주장하는 대로 따르면 왕과 같이 천하를 도모할 수 있을 것 같아 눈이 밝아졌다.

'순진해, 한비는. 이런 천하 방책을 중원에 나돌게 하다니.'

사령이 관복을 차려입지 말고 급히 들라는 어명을 전하자 이사는 놀랐다. 왕이 급한 일이라서 관복을 입지 말라는 뜻이 아니라는 것을 이사는 잘 알고 있었다. 정말로 일이 다급했다면 관복을 입으라 마라 하지 않았을 것이다. 난감했다. 만약 관복을 입고 가면 어명을 어겼다 꾸짖을 것이고, 입지 않으면 나중에 예법을 어겼다고 꼬투리 잡을 것이다. 사령을 먼저 보내고 이사는 시종에게 술을 가져오라고 시켰다. 관복을 차려입고 술을 몇 모금 머금었다 관복에 뿜고 마시지는 않았다.

이사가 기년궁 침전을 찾자 왕은 나인을 모두 물리쳤다.

"경이 술을 다 하는구려!"

좋은 일이 있는 듯 목소리가 밝고 가벼웠다.

"퇴청하다 요고(姚賈)를 만나 반주하던 중에 어명을 받드느라 술 냄새를 지우지 못했습니다. 헤아려 주십시오."

이사는 퇴청하고 술을 마시느라 관복을 벗지 않았다는 것을 은근히 내비쳤다. 어명을 어기지도 않고 무례하다는 혐의도 교묘히 피해 갔다. 왕도 이사가 술을 자주 마시지 않는 것을 알고 있었다. 이사를 한 번 떠본 것이다.

"전장에 용이 나타났구려."

이사가 움찔했다.

"경은 이 자를 아시오?"

죽간을 던지며 왕이 이사를 다그쳤다. 왕은 알면서도 모르는 척 이사를 떠봤다. 한비가 언급한 적이 있는 협지술(挾智術)이다. 자신의 무공을 숨기고 상대가 무공을 펼치게 하여 상대를 읽는 술수를 말한다. 이사는 이미 왕의 의중을 읽었다. 모른다고 하면 세상의 정보를 모으지 않았다고 나무랄 것이고, 안다고 하면 이런 인물을 왜 천거하지 않았느냐고 꾸짖을 것이다. 왕이 사람을 다루는 솜씨가 날로 성장하자 이사는 한편으로 흐뭇했고 한편으로 불안했다. 왕은 천하를 도모할 그릇이지만 동시에 언젠가 자기에게 칼날을 들이댈 것이다.

"소신이 최근에 일이 많아 미처 다 읽지 못했습니다. 다 읽은 후에 아뢰려고……."

이사는 머리를 조아렸다. 이번에도 무사히 피해 갔다. 이사는 살얼음 위를 걷는 듯 불안했다. 왕은 도마에 생선을 올려놓은 듯 이사를 다뤘다.

"묵자라는 인물은 행동은 민첩하나 말은 어눌하오. 왜 그렇소?"

왕은 난데없이 묵자 이야기를 꺼냈다. 이번에는 한비 글을 읽었는지 시험하는 것이다.

"옛날 진백(秦伯)께서 공주님을 이웃 진(晉)나라에 시집보내시면서 시녀도 신부만큼 꾸며 수행하도록 했습니다. 그런데 신랑은 정작 신부는 좋아하지 않고 시녀만 좋아했습니다. 이렇다면 공주보다 시녀가 시집을 잘 간 것이지요. 초나라 사람이 정나라에 가서 진주를 판 적이 있습니다. 진주 담는 상자를 귀한 나무로 짜고 계초를 피워 향을 배게 하고, 붉은 보석으로 장식하고 물총새 깃털로 진주를 감쌌습니다. 그랬더니 정나라 사람은 상자만 사고 진주를 사지 않았다고 합니다. 이를 매독환주(賣櫝還珠)라고 합니다. 묵자가 선왕과 성인의 도를 전하면서 말을 화려하고 현란하게 했더라면 세상 사람은 겉만 취하고 내용은 취하지 않았을 것입니다. 그래서 말을 어눌하게 한 것입니다."

이사는 한비의 글을 한 글자도 틀리지 않고 마치 책을 읽듯 읊었다. 이사의 대답에 만족한 왕의 입꼬리가 살짝 올라갔다. 왕은 표정을 바꾸며 말을 이었다.

"이 자를 만나고 싶소."

"강직한 인물이라 돈으로 움직이지 않습니다. 무공도 높아 웬만한 자객을 보내서는 강제로 데리고 오기도 어렵습니다. 방책을 쓰셔야 할 듯하옵니다."

"생각해 둔 계책이 있소?"

왕은 이사 쪽으로 허리를 굽히며 다가섰다.

"한나라에 한기라는 인물이 있습니다. 지금 권세가 한나라 왕을 능가한다고 합니다."

"어떤 인물이오?"

"술수가 여간 아닙니다. 왕을 떠보려고 어떤 자를 매수해 왕의 측근으로 보내 자기를 욕하게 했습니다. 만약 왕이 동조하면 자기를 의심하는 것이고, 왕이 진노하면 자기편이라는 것이지요."

"그래서?"

"어리석은 한나라 왕은 욕을 했다고 합니다. 이튿날 한기는 왕의 측근을 모조리 처단하여 왕의 수족을 모두 잘라냈다고 합니다."

왕과 이사는 점점 가까워졌다. 이사는 흔들리는 등잔 너머로 왕을 잠시 올려다보았다. 등잔에서 심지 타는 소리가 났다. 이사는 마른 침을 삼키며 운을 뗐다.

"춘추 오패 중 한 분이었던 제나라 환공(桓公) 때 일입니다."

이사가 맥락이 다른 제나라 이야기를 꺼내자 왕은 눈을 크게 떴다. 이사가 주저하자 왕은 재촉했다.

"경은 말을 끝내시오."

"환공은 채(蔡)나라 공주를 맞아 처로 삼았습니다. 어느 날 뱃놀이를 갔는데 공주가 배를 자꾸 흔들었습니다. 환공은 무서워하며 말렸지만, 공주는 말을 듣지 않았습니다. 화가 난 환공은 그날로 당장 공주를 쫓아 버렸습니다. 얼마 지나 공주를 다시 불렀지만, 채나라에서 돌려보내지 않았습니다. 벌써 다른 데로 시집을 보내 버린 것입니다. 환공은 노발대발하면서 채나라를 공격하려 했습니다. 그러자 중부 관중께서 말렸습니다.

'뱃놀이를 빌미로 한 나라를 치기에는 명분이 서지 않고 성과도 낼 수 없습니다. 이웃 나라도 설복할 만한 명분을 먼저 만들어야 합니다.'

환공이 듣지 않자 관중은 다시 말을 이었습니다.

'기어이 채나라를 치시겠다면 이런 방안이 있습니다. 초나라가 천자께 청모(菁茅)를 바치지 않은 지 3년이 지났습니다. 이를 빌미로 초나라를 먼저 치십시오. 지금 국력이 약한 초나라는 옥새를 내밀며 항복할 것입니다. 그때 천자를 위해 초나라를 치는 데 채나라가 군사를 일으켜 따르지 않았다는 명분을 세워 채나라를 공격하십시오. 한 번 움직여 초나라도 얻고 채나라도 정벌하실 수 있습니다. 명분이 있으니 이웃 제후국도 함부로 원병을 보내지 못할 것입니다. 명분이 있어야 실제 이익을 얻을 수 있습니다.'

한비를 얻으시려면 이 방안을 쓰시는 것이 좋을 듯합니다."

"먼저 명분을 만들라?"

"그렇습니다."

그제야 이사의 표정이 밝아졌다. 왕의 시험을 무사히 빠져나온 것 같았다.

"그럼, 어떻게 하면 좋겠소?"

왕은 총명하고 포부도 컸지만, 연륜은 이사에 못 미쳤다. 귀족이 다른 나라 출신 관리는 모두 쫓아야 한다며 들고 일어났을 때 이사는 왕의 결단력과 혜안을 보았다. 사람을 보는 눈이 있고 사안을 결정하면 일사불란하게 밀어붙이는 힘이 있었다. 포부가 커 큰 것을 위해 작은 것을 기꺼이 버릴 줄 알았다. 왕은 이사의 학문과 연륜이 필요했고, 이사는 왕의 세와 권력이 필요했다. 왕과 이사는 군신 관계이지만 때론 동지였고 친구였으며, 때론 사제 같았다. 지금은 마치 제자가 선생한테 질문하듯 왕은 자세를 낮추었다.

"우선 장군 환의(桓齮)에게 출정 준비하라고 영을 내리십시오. 다음 한나라에 사신을 보내 초나라를 칠 테니 길을 빌려달라 하십시오. 한나라 수도 신정(新鄭)에 사람을 풀어 진은 초나라를 치려 하지만, 실제로 한나라를 공격하려 한다고 유언비어를 퍼뜨리십시오. 한나라 조정은 우리의 의중을 몰라 의견이 분분할 것입니다. 사신을 보내 맹약을 맺자 청하시고 한기를 보내라고 하십시오."

"과인이 원하는 것은 한기가 아니라 한비요."

이사는 보일 듯 말 듯 슬며시 웃는다.

"지난날 목공께서 백리해(百里奚)[27]를 초나라에서 어떻게 모셔

왔는지 성상께서는 아시는지요?"

"알다마다요. 값을 비싸게 치면 행여 백리해가 현명하다는 것을 알아보고 초나라에서 보내지 않을까 봐 양가죽 다섯 장을 주지 않았소. 그래서 백리해를 오고대부(五羖大夫)라고 불렀지요."

백리해는 원래 우(虞)나라 출신이다. 진(晉)나라 헌공(獻公)이 괵나라를 치겠다며 우나라에게 길을 빌려달라고 했다. 우나라 신하 궁지가 왕에게 간언했다.

"우와 괵은 입술과 이의 관계입니다. 입술이 없으면 이가 시리게 마련입니다. 길을 빌려 주면 우나라도 망합니다."

우나라 왕은 이미 진나라가 보낸 뇌물을 받은 터라 궁지의 말을 듣지 않았고, 진나라는 괵나라를 멸망시키고 돌아오는 길에 우나라도 멸망시켰다. 이때 백리해가 포로로 잡혔다. 헌공은 누나가 진나라 목공에게 시집갈 때 수행하는 신하로 백리해를 딸려 보냈다. 백리해는 나중에 초나라로 도망쳤다. 목공이 백리해가 뛰어나다는 소문을 듣고 모셔오려고 양가죽 다섯 장을 몸값으로 주었다. 돈을 많이 주면 행여 초나라에서 백리해의 진가를 알아보고 보내지 않을까 해서이다. 이때 백리해 나이 일흔이었다. 백리해는 목공에게 건숙(蹇叔)을 추천했고, 백리해와 건숙은 목공이 중원 패자가 되는 데 중요한 역할을 했다. 진나라에서 현명한 재상이라면 우선 백리해를 꼽는다.

"그러하옵니다. 만약 한비를 보내라 하면 한나라에서 한비를 다시 보고 아껴 우리에게 내주지 않을 것입니다. 한기는 조정에서 실권을 쥐고 있어 핑계를 대고 오지 않을 것입니다. 그때 마지못해 응낙하는 척하면서 왕실 공자 중 하나를 보내라고 하십시오. 한기와 한비가 사이가 안 좋다는 첩보를 보고받았습니다. 한기에게 값진 보물을 보내 은근히 한비를 보내라고 하겠습니다. 한기 입장에서는 마다할 이유가 없겠지요. 눈엣가시 같은 정적을 제거할 기회이지 않겠습니까?"

왕은 책상을 내려쳤다.

"과연, 경이구려. 명불허전(名不虛傳)이라!"

이사는 관모가 흔들릴 정도로 머리를 조아렸다.

"사신은 누가 좋겠소?

"요고가 사람 마음을 잘 읽고 변설이 뛰어납니다."

"경과 견주면?"

이사는 숨이 확 막혔다. 얌전히 질문하던 제자에서 다시 왕의 자리로 돌아갔다. 요고가 낫다고 하면 왕은 요고를 중용할 것이고 자신이 낫다 하면 왜 직접 가지 않느냐고 비난할 것이다.

"소신은 앉아서 책략을 짜는 데는 능하옵고, 요고는 상대를 휘어잡는 술수가 뛰어납니다. 사신으로는 요고가 더 적합합니다."

"그럼, 한기에게는 무엇을 주는 것이 좋겠소?"

"수후의 구슬(珠)을 주십시오."

이번에는 왕이 놀랐다. 수후의 구슬은 진나라가 주나라를 멸망시켰을 때 주나라 왕실 보물 창고에서 약탈한 것이다. 수후(隨侯)는 수나라 제후라는 뜻이다. 수나라는 주나라 초기에 있던 작은 제후국이었다. 수나라 제후가 상처 입은 큰 뱀을 구해 주었는데 나중에 뱀이 큰 진주를 물고 왔다고 한다. 보석 중 으뜸으로 꼽히는 명품이었다. 왕은 수후의 구슬을 곁에 두고 어루만지며 패권을 향한 야망을 불태웠다.

"과인이 수후를 애지중지한다는 것은 경도 잘 아시지 않소?"

왕은 못마땅했다. 이사는 마른기침을 삼켰다. 왕의 심기를 노하게 하면, 목이 열 개라도 모자란다.

"성상께서 천하를 통일하시면 저절로 돌아올 것입니다. 잠시 한기 손에 맡겨 두십시오."

"그게 무슨 뜻이오?"

"하늘 아래는 모두 왕의 땅이고, 땅 위 사람은 모두 왕의 신하[28]라고 했습니다."

"하하하!"

왕은 호탕하게 웃었다. 기분이 좋았다. 이 세상 모든 것은 왕의 것이다. 이사도 흡족했다. 신임도 얻고 정적도 제거할 수 있을 것 같왔다.

“여봐라, 요고를 불러라! 예를 차리지 말고 급히 들라 하라. 주안상을 크게 차려라!”

이사는 회심의 미소를 지었다. 궁궐로 출발할 때 시종을 요고에게 보냈다. 왕이 오늘 밤 찾을 테니 술로 입을 헹구고 관복에 뿌리라고 일러두었다. 이사는 멀리 보면서도 세세하게 챙겼다. 술잔이 몇 순배 돌 무렵 요고가 허둥지둥 달려왔다. 술 향이 진하게 풍겼다. 요고는 엎드려 죄를 청했다.

“신이 어명을 받들기 전이라 술을 입에 대었나이다.”

“평소 술을 즐기지 않던 두 분께서 웬일로 다. 갑자기 부른 과인 잘못이오. 경에게 무슨 죄가 있소? 자, 잔을 채웁시다.”

술시중 드는 나인은 바삐 뛰었다. 젊은 왕은 취하지 않고 계속 술을 권했다. 이사와 요고는 술을 마실수록 정신이 더 맑아졌다. 왕은 취중 실수라도 놓치지 않을 것이었다. 이사와 요고가 궁궐을 나서자 옅은 햇빛이 차갑게 내렸다. 이사가 말문을 열었다.

“왕은 저 태양 같구려.”

“새벽 태양처럼 빛나면서 차갑구려.”

요고가 응수했다. 둘은 바라보고 말없이 웃었다.

“장래 승상 덕분에 한나라를 구경하게 되었습니다.”

요고는 산마루 위로 솟은 해를 보며 말했다. 막 떠오른 해가 요고 얼굴을 붉게 비추었다.

"승상이라니요, 가당치 않습니다. 오히려 경께서 오르실 자리이지요."

이사가 손사래를 쳤다.

"그나저나, 한비가 들어오면 그땐 어쩌실 작정이오?"

요고가 슬쩍 이사를 떠보았다. 요고도 중원에 첩자를 심어 두고 있어서 이사 못지않게 정보가 빨랐다. 이사는 놀라지 않았다.

"사(私)는 사고, 공(公)은 공이지요. 성상께서 아끼시니, 저야 그를 불러 드리는 것으로 일을 다한 셈이지요."

"어련하시겠소!"

"흐엇!"

이사는 웃어넘겼다. 애초 요고가 믿어 줄 것이라 생각도 하지 않았다. 요고 또한 이사가 진실을 말할 것으로 생각하지 않았다. 손을 맞잡고는 둘은 돌아서 갈라졌다. 그림자가 위태위태 흔들렸다.

[25] 어진 정치.

[26] 가리지 않고 모든 사람을 똑같이 두루 사랑함.

[27] 백리혜(百里傒)라고도 부름.

[28] 《춘추》에 나옴.

9

흉한 것은 반드시 쇠한다

함양 성내엔 울음소리가 그치지 않았다. 여섯 살이 넘는 남자는 모두 징집하라는 칙령이 떨어졌기 때문이다. 늙은 부모는 울었고 떠나는 아들도 울었다. 갓난아기는 젖 먹다 어미가 우니 따라 울었다. 징집을 피해 도망칠 수도 없었다. 이웃의 감시를 피해 다른 동네로 달아나면 그 동네 이웃이 고발했다. 적군 머리를 베면 계급이 올라간다며 들뜬 사내도 있었다. 군졸들은 집집마다 돌며 양식도 추렴했고 쇠붙이도 빼앗아 갔다. 전쟁의 끝이 보이지 않아 더 아득했다.

춘추 시대 500년 동안 중원의 모든 나라는 전쟁 준비에 온 힘을 쏟았다. 각 나라는 기술을 발전시키고 인재를 키웠다. 제련술이나 농사법도 발전했지만, 백성은 여전히 굶주리고 고달팠다. 수입보다 세금이 많았다. 강호에는 시대 문제를 해결할 수 있다며 무수한 인물이 저마다 주장을 들고 나왔다. 백가쟁명(百家爭鳴), 후세에 이들을 가리켜 제자백가(諸子百家)라고 불렀다. 백성의 피가 토양이 돼 학문이 성장하고 기술이 발전했다. 그러나 중원은 여전히 아들을 잃고 남편을 잃은 여인의 통곡으로 가득했다.

한비는 답답했다. 천하의 방책을 세웠으나 뜻을 펼 기회가 없었다. 어리석은 한나라 왕은 듣지 않고 조정 권신은 궁궐 출입조차 막았다. 반면 이사는 자신을 알아주는 왕을 만나 승승장구했다. 초나라 말단 관리에서 중원 전체를 좌지우지하는 권력자로 성공했다. 한비도 이사 소식을 듣고 있었다. 중원은 모두 진나라 행방에 촉각을 곤두세우고 있었다. 진나라가 다시 전쟁 준비를 한다는 소문을 듣자 한비는 왕에게 글을 올릴까 몇 번을 망설이다 끝내 붓을 꺾었다. 한기가 먼저 보고 불태울 것이다.

진나라가 한나라로 쳐들어올 것이란 소문은 왕보다 백성이 먼저 들었다. 국경을 넘나드는 장사치가 소식을 전했다. 한나라의 수도인 신정 성내에는 쌀값이 치솟았다. 어둠을 틈타 성을 빠져나가는 백성이 늘기 시작했다. 한왕은 한기를 닦달했지만, 한기는 묘안을 떠올리지 못했다. 조정에서 한비를 부르자는 소리가 조금씩 흘러나왔다. 한기는 묵묵부답이었다. 매일 어전 회의가 열렸다. 차라리 먼저 항복하고 사직을 보존하자는 문신과 결사 항전으로 결의하는 무신으로 편이 갈려 언성만 높였다.

그 무렵 진나라에서 사신이 왔다. 초나라로 진군하려니 맹약을 맺자는 것이다. 협정에 조인하러 한기를 진나라로 들여보내라 했다. 외교 절차를 무시한 일방 통고였고 명령이었다. 사신이 물러나자 한

왕은 한기를 물끄러미 쳐다보았다. 시선이 모두 자기 쪽으로 쏠리자 한기는 주변을 둘러보더니 천천히 입을 열었다.

"신이 마땅히 가야 하오나……."

"그래 주겠소?"

말을 맺기도 전에 한왕은 다급하게 물었다. 한기는 눈살을 찌푸렸다.

"소신의 몸을 바쳐서라도 사직을 지키겠습니다만."

한기는 머뭇거렸다. 한기는 납작 엎드려 주변을 둘러보았다. 그러자 한기 심복이 말을 이었다.

"저들이 한기를 원하는 것은 얕은 술책입니다. 한기가 없으면 조정의 중심이 흔들리고 적을 방비할 대책을 세울 수가 없습니다."

"그럼 어쩌자는 말이오? 한기 대신 누굴 적진에 보낼 셈이오?"

아무도 나서지 않았다.

"답답하오. 사신을 보내지 않으면 진나라에 빌미를 줄 것이오."

"소신은 한비의 학문이 깊다고 들었습니다. 진나라 조정을 상대하려면 그만한 인물이 없을 듯합니다."

이 역시 한기의 수하였다. 한기의 손발처럼 움직이는 자들이다.

"지난날 그리 박대하고선, 인제 와서 숙부를 부르자는 게요?"

말문이 막힌 신하들 사이에선 연신 마른기침 소리만 들렸다.

"한비가 우국충정에 불타는 글을 여러 차례 보냈습니다만, 때가 일러 성상께 올리지 않았습니다."

한기가 색다른 비단을 꺼내 놓았다. 신호를 받은 듯 조정을 메운 신하들은 이구동성으로 외쳤다.

"한비가 적합한 줄 아뢰오!"

"진나라에 무어라 할 것이오? 진나라가 한 조정을 손금 보듯이 꿰는데?"

"소신이 이사 쪽에 얘기를 해 보겠습니다."

한기는 요고 이야기를 꺼내지 않았다. 요고를 만난 일은 몇몇 측근만 알았다. 자칫 적국과 내통한다는 혐의를 받으면 재상 자리에 있어도 목숨이 위태로웠다.

"숙부를 부르시오!"

한왕의 사자가 왔을 때 한비는 글을 다듬고 있었다. '존한(存韓)'이란 제목을 달고 한왕에게 마지막으로 올리려고 했다. 이마저 길이 막히면 세상과 인연을 끊으려 했다. 한비가 궁궐에 도착하자 한왕은 옥좌에서 내려와 한비를 맞았다. 한왕은 한비 손을 잡았다.

"숙부!"

한왕은 눈물을 글썽였다.

"숙부께서 진나라에 사신으로 가야겠소. 사직의 운명이 숙부 손에 달려 있소. 나라가 망하면 선대왕을 무슨 면목으로 뵙겠소? 양왕(襄王)께서는 과인에게는 증조부이시지만 당숙께는 조부이지 않소?"

한왕이 자리로 돌아가자 한비는 신하의 예를 갖추었다.

"소신, 신명을 다하겠나이다."

한비가 흔쾌히 받아들이자 '충신'이라는 소리로 조정이 울렁거렸다. 강직한 한비는 옳은 길이기에 갈 뿐 앞뒤를 따지지 않았다. 왕에게 절하고 나오면서 한비는 한기를 돌아보았다. 한기는 슬쩍 외면했다.

한비가 함곡관을 지나 기년궁으로 향하다 요란한 행차와 마주쳤다. 가마를 멘 시종이 열이 넘고 호위하는 무사가 백을 헤아렸다. 한비는 국경을 넘느라 행색이 말이 아니었다. 말몰이꾼 하나랑 짐꾼 서넛이 전부였다. 그마저 말이 지쳐 한비도 내려서 걷고 있었다. 한비가 길을 비키자 가마가 멈춰 섰다. 어깨높이 가마에서 누군가 한비를 내려다보고 있었다.

"한비 아닌가?"

이사였다.

"이, 이사?"

한비가 말을 더듬었다.

"이게 얼마 만인가? 10년은 훨씬 넘었지, 난릉을 떠났을 때가! 자네도 벌써 머리가 희끗희끗하구먼."

이사가 능청을 떨었다. 이사는 한비가 국경을 넘었다는 보고를 벌써 받았다. 진나라 봉화는 빠르고 정확했다. 오랜 전쟁을 거치면서 진나라는 정보가 중요하다는 것을 터득했다.

"자네, 원하던 것을 얻었구먼."

한비는 덤덤히 말했지만, 한편 반갑기도 했다.

"함양에 어쩐 일인가!"

이사는 가마에서 내리지 않았다. 한비는 스승 안부를 먼저 묻지 않는 이사가 못마땅했다. 스승에게 제왕학을 배우지 않았다면 지금의 자리에 올랐겠는가! 부모가 낳았지만, 길러 준 것은 스승이었다.

"어명을 받아 진왕을 뵈러 가는 길이네."

한비가 퉁명스럽게 받았다.

"나도 궁으로 가는 길이네. 천천히 오시게. 저녁은 내 집에 와서 들게나. 려려도 반가워할 거야. 회포는 그때 풀지, 가자."

한비가 대답하기도 전에 이사는 사라졌다. '려려, 이사와 함께 있었구나.' 짐작은 했지만, 한비는 마음이 어지러웠다. 머리를 세차게 흔들었다. 조국의 운명이 바람 앞의 등잔처럼 위태로운데 지난날의 여인 탓에 대사를 그르칠 수 없었다.

한비는 스스로 다그치며 찬찬히 성내를 둘러보았다. 길이 반듯하고 깨끗했다. 파란 눈이 움푹 들어가고 코가 솟았으며 머리카락이 노란 장정도 더러 보였다. 서역에서 넘어온 사람들이었다. 체격이 좋고 힘이 세 진나라가 용병으로 부렸다. 진나라 병사가 강한 이유를 알 것 같았다. 거리에는 상점이 보이지 않았다. 진나라는 농업을 장려하고 상업과 공업은 엄히 금했다. 농사는 소득 파악이 쉬워 세금을 쉽게 거둘 수 있지만, 상업과 공업은 그렇지 않아 국가에서 감독하고 관리했다. 농부는 땅을 떠날 수 없지만, 상인과 공인은 이동이 잦아 통제하기 어려웠다. 백성은 관리를 보면 무서워서 하던 일도 멈추었다. 한비는 법이 이렇게 잘 시행되는 나라는 본 적이 없었다. 자신이 늘 주장했던 치국의 도가 진나라에 그대로 시행되고 있었다. 감탄했지만 한편으로는 걱정이 몰려왔다. 진나라가 이토록 강성하다면 한나라의 운명은 얼마 남지 않은 것 같았다.

기년궁에 도착하자, 승상 왕관(王綰)이 영접을 나왔다. 한나라 사신을 승상이 직접 영접한 적은 없었다. 왕이 직접 지시를 내린 것이다. 왕관은 먼저 한비 앞에 군대를 열병시켰다. 중원을 호령하는 맹장들이 한비에게 머리를 조아렸다. 바위처럼 단단한 병사들의 눈에는 불꽃이 이글거렸다. 명령이 떨어지면 태산이라도 집어삼킬 태세였다. 사신을 맞아 열병식을 하는 것도 거의 없는 일이었다. 한비를 주눅 들게 하려는 술수였다. 한비는 동요하지 않았다. 그 정도 수는 읽었다. 적국이었지만 한비는 진왕에게 적지 않게 기대를 걸었다. 그릇이 크면 천하 대사를 논할 수 있고, 어쩌면 500년을 헤아리는 이 전쟁을 끝낼 수 있을 것 같았다. 물극필반(物極必反), 세상 모든 것은 성하면 반드시 제자리로 돌아온다. 한비가 《도덕경》을 수없이 읽으면서 터득한 진리였다. 이 지긋한 전란은 끝이 보였고 큰 뜻을 품은 자가 종지부를 찍었으면 했다. 다음 세상을 보는 안목이 있어야 새 세상을 열 수 있다. 수가 얕으면 더 큰 혼란을 불러올 뿐이다. 왕관은 대군을 보고도 표정이 변하지 않는 한비를 보고 내심 두려웠다.

한비가 기년궁 대전에 닿자 조정 관원이 일제히 몰려나와 양 갈래로 줄을 서 한비를 맞았다. 눈에 익은 인물도 있었다. 순자를 같이 모셨던 오규, 신양, 신림도 보였다. 명성이 자자한 유세객과 저명한 학자, 강호 사람과 서역 사람도 더러 눈에 띄었다. 중원의 인물이라는 인물은 모두 진나라 조정에 모여 있는 것 같았다.

한비가 예를 갖추자 왕은 옥좌에서 내려와 한비를 일으켜 세웠다. 만면에 웃음이 가득했다. 한비를 만나려고 아끼던 보물도 기꺼이 내준 그였다. 천하 통일하면 한비에게 중책을 맡길 요량이었다.

"신 한비, 진왕께 예를 갖춥니다."

"먼 길 오시느라 노고가 이만저만 아닐 텐데, 과인이 빨리 뵙고 싶어 바로 들라 했소. 이 나라를 보신 소감이 어떻소?"

"신하는 어, 어리석고 장군은 아, 아둔한 것 같습니다."

한비가 말을 더듬으며 일갈하자 대전이 찬물을 끼얹은 듯 조용해졌다. 왕의 표정이 굳었다.

"경의 말씀이 지나치시오!"

왕의 목소리에 노기가 어려 있다.

"신이 감히 이렇게 아뢰는 것은, 진나라가 절호의 기회를 놓치고 있기 때문입니다."

"절호의 기회라니요?"

"천하 형세를 살피면 진나라만이 천하를 통일할 수 있는데 어리석은 신하들이 대왕을 잘못 보필해 기회를 놓쳤다고 말씀드리는 것입니다."

대전이 소란해졌다. 시선이 이사 쪽으로 쏠렸다. 왕도 이사를 힐끗 쳐다보았다. 장군 몽염은 당장이라도 한비 목을 벨 기세였다.

"경은 말을 삼가시오! 여기는 한나라가 아니라 진나라요. 까닭없이 그런 말을 하였다간……."

한비의 일격으로 수세에 몰린 이사가 반격에 나섰다.

"경은 보고 느낀 대로 진솔하게 말을 해 보시오."

왕이 이사를 제지하고 나섰다.

"신은 모르면서 말하는 것은 지혜가 아니며, 알면서도 말하지 않는 것은 불충이라고 들었습니다. 충성을 다하지 않는 것은 죽을죄이고, 말이 사리에 맞지 않아도 죽을죄입니다. 대왕께선 제 말을 듣고 죄를 결정해 주십시오."

한비 말이 길어지자 왕은 미간을 찌푸렸다.

"과인이나 막료는 괘념치 마시고 한나라 조정이라 여기고 고견을 들려주시오."

"함양은 함곡관을 넘지 않고 공략할 수 없는 천하 요새입니다. 외침이 없으니 내실을 튼튼히 다질 수 있어 지금 진군은 천하에서 두려워하지 않는 나라가 없을 정도로 막강합니다. 또 진나라는 상공을 억제하고 농업을 장려하여 창고에 곡식이 넘칩니다. 법이 엄격해 관리는 부정을 저지르지 못하고, 백성은 법을 어기지 못합니다. 서역에서 들여온 말은 튼튼하고, 제련 기술이 뛰어나 무기는 날카롭기 그지없지요. 그런데도 진이 천하를 차지하지 못하는 것은 어리석은 신하들의 불충 탓입니다."

왕이 좌우를 둘러보자 모두 고개를 숙이고 헛기침을 했다. 이사의 얼굴이 붉어졌다.

"지당한 말씀이외다. 그럼, 어떻게 하여야 하오?"

한비가 자기 마음을 알아주는 것 같아 왕의 표정이 한층 밝아졌다.

"대왕께서 초나라를 치겠다며 한나라에 길을 빌려달라고 하신 줄 압니다. 옛날 진(晉) 헌공이 쓴 낡은 수법입니다. 헌공이 우나라를 얻기 위해, 괵나라를 치러 가야 하니 길을 빌려 달라 하고선 괵을 치고 돌아오는 길에 우를 멸망시킨 적이 있습니다. 이 술법은 삼척동자도 알 만큼 널리 알려져 이 술수를 다시 쓴다면 천하가 어리석다고 비웃을 것입니다."

술수가 들통 난 것 같아 이사 등에 식은땀이 흘렀다.

"지금 한을 치는 것은 조나라에 득이 될 뿐입니다. 이를 두고 어부지리(漁父之利)라고 하지요. 한은 비록 작은 나라이나 생사가 걸리면 모두가 목숨을 내놓고 항전할 것입니다. 설령 한을 점령한다 하더라도 진도 심하게 타격을 입어 당분간 회복하기 어려울 것입니다. 그 사이 조나라는 군량을 축적하고 병사를 훈련시켜 진과 일전을 준비할 것입니다. 진의 동진을 두려워하는 제나 초가 조와 연합하면 진이 아무리 천하 강국이라 할지라도 일순간에 무너질 것입니다."

한비가 어눌하게 말했지만, 논리가 타당하고 이치에 맞아 듣는 사람은 저도 모르게 빨려 들어갔다.

"더군다나 지난날 맹장 백기가 장평에서 조나라 병사 40만 명을 생매장한 적이 있습니다. 당시 죽은 병사들의 원혼을 달래려 조나라가 조용히 때를 기다린 지 30년이 넘었습니다. 한나라를 치느라 도성을 비우면 그 틈에 조나라 군대가 쏜살같이 몰려올 것입니다."

"듣고 보니 과연 그렇소. 과인이 어떻게 하여야 하오?"

왕은 한비의 말에 젖어들었다.

"우선 초나라에 사람을 풀어 중신에게 보물을 보내십시오. 조나라가 진나라를 속였다는 명분을 내세워 조나라를 치려니, 초나라는 원병을 보내지 말라고 하십시오. 다음 위나라에 왕자를 인질로 보내 안심시키십시오. 한나라는 진나라와 군신관계를 맺은 지 오래되었으니, 조나라를 공격하는 데 원병을 보내라 하면 반드시 그렇게 할 것입니다. 한왕께서도 대왕께 그렇게 전하라 일렀습니다. 기회를 놓쳐 조나라가 제, 위, 초, 연과 합세하고 한도 여기에 따른다면 진나라 군대가 아무리 막강하더라도 견뎌 낼 재간이 없습니다. 조나라를 얻으시면 한나라는 저절로 따라올 것입니다. 폐하께서는 부디 헤아려 주십시오."

왕은 수긍하는 듯 고개를 끄떡였다. 제, 위, 초, 연 네 나라가 연합해서 진나라를 공격할 것이라는 첩보가 전국 곳곳에서 올라오고 있었다.

"경은 객사에 머물러 피로를 푸시오. 날이 밝으면 다시 고견을 듣도록 하겠소."

한비가 예를 갖추며 물러났다. 이사는 한비를 맹렬히 쏘아보았다. 좌우로 양립한 신하들은 왕의 눈치를 살피기 바빴다. 왕의 심중을 잘못 읽으면 목이 달아날 판이었다. 왕은 문까지 한비를 배웅하고 나서 옥좌에 앉으며 단 아래를 훑어보았다. 왕은 이사에게서 한참 동안 눈을 떼지 않았다. 이사는 왕의 시선에 저절로 목이 움츠려 들었다.

"진나라에는 저런 인재가 없단 말인가? 적진에 들어서도 두려운 기색 없이 당당히 할 말을 다하는구나. 경들은 한비 말을 어떻게 생각하시오?"

묵묵부답이었다. 왕이 무슨 생각을 하는지 확실치 않다면 선불리 말을 꺼내기가 어려웠다. 왕전이 나섰다.

"폐하, 한이든 조이든 소신들이 모두 쓸어버리겠습니다. 글만 읽는 서생들이 전쟁을 어찌 알겠습니까?"

신하들이 술렁거렸다.

"장군, 말씀이 지나치시오. 누가 군량을 준비하고, 병사를 징집하고 있습니까?"

젊은 요고가 발끈했다. 왕전은 헛기침을 하며 물러났다. 이사가 나섰다.

"폐하, 한비는 제 안위를 위해 말을 교묘히 꾸며 대고 있습니다. 유세에 성공한다면 그 덕으로 한나라에서 중용될 것입니다."

"한비 말이 일리가 있는 것 같소이다만……."

왕이 한발 물러섰다.

"그렇지 않습니다. 한비는 본래 글재주는 있으나 성품이 모나고, 제 잇속에만 밝아 한왕도 중용하지 않았습니다. 출세에 눈이 어두워 한비는 이 일을 발판으로 삼으려 할 뿐입니다. 폐하께서는 성총이 흐려져서는 안 됩니다. 화려한 언변 속에 숨은 욕심을 먼저 보아야 합니다."

"무슨 말씀이오?"

왕은 이사가 훈계하는 것 같아 심기가 불편했다.

"한비는 진이 조를 치게 해 국력을 소진시키는 고육반간책(苦肉反

間策)을 쓰고 있습니다. 장평 전쟁에서 명장 백기가 승리를 거두었지만, 진이 입은 손실도 적지 않았습니다. 그때 연, 제, 초, 위, 한이 연합해서 진을 공격했더라면 함곡관을 지키기 어려웠을 것입니다. 장평 전쟁 이래 조나라는 치욕을 씻으려 성곽을 수리하고 군량을 축적하면서 병사를 길러 왔습니다. 만약 지금 출정하면 적을 굴복시킬 수 있으나, 진의 국력은 그만큼 약해질 것입니다. 우선 약한 한에 쳐들어가 진에 불복하면 어떻게 되는가를 세상에 보여 주어야 합니다. 동쪽으로 길이 터지면 제나라가 반드시 겁을 먹고 사신을 보내올 것입니다. 그때 제나라와 맹약을 맺고 조나라를 협공하면 힘은 적게 들이고 효과를 몇 배로 낼 수 있습니다. 조나라가 무너지면 다른 나라는 방패를 잃은 꼴이라 쉽게 공략할 수 있습니다."

"과인의 군대가 한을 치는 사이, 네 나라가 연합하면 어떡하오?"

이사가 머뭇거리자 요고가 나섰다.

"신이 중원을 돌겠습니다."

왕은 요고가 뇌물을 써 한비를 진나라로 부른 수완을 높이 샀다. 왕은 판단이 서면 망설이지 않고 바로 행동했다. 왕은 칼을 풀고 웃옷을 벗어 요고에게 주었다. 전권을 위임한다는 뜻이었다. 이튿날 요고는 수레 400대에 황금 1,000근을 싣고 떠났다.

"이사 말을 듣고 보니 한나라를 먼저 치는 것이 순리인 듯하오만, 경들은 어떻소?"

왕의 마음이 한나라를 먼저 치는 쪽으로 기울자 아무도 입을 열지 않았다. 이사가 내세운 논리에는 허점도 없어 보였다.

"한비는 곁에 두고 싶소이다만."

왕의 시선은 이사를 향했다. 이사는 고개를 떨구었다.

"강해서 부러질지라도 휘어지지는 않을 것입니다.

"두 임금을 섬기지 않는다?"

왕은 입맛을 다셨다. 실제로 만나 보니 인물은 글보다 별로라는 느낌도 들었다.

이사는 왕이 다른 생각할 틈을 주지 않으려 바로 말을 이었다.

"인물은 인물이라, 적국으로 돌려보내면 아군에게 큰 해가 될 것입니다. 당장 처리해야…… 하는 줄 아옵니다."

이사는 중간에 말을 잠시 끊었다. 거침없이 친구를 죽이라고 하면 왕한테 잔인한 성격으로 비칠 것이었다.

"처리라……. 일단 하옥시켜라."

이사는 비로소 숨을 크게 쉬었다. 피로가 몰려 왔다. 천 길 낭떠러지를 건너는 것처럼 매 순간이 위기였다. 한비가 물러나지 않고 더 논쟁을 벌였더라면 이길 자신도 없었다. 학문은 늘 한비보다 못하다는 것을 스스로 잘 알고 있었다. 퇴청하는 길에 머리가 아팠다. 같이 배웠고, 같은 여자를 사랑했다. 학문은 늘 뒤처졌지만, 출세는 자기가 빨랐다. 한비는 작은 나라에서조차 등용되지 못했지만, 자신은 천하를 호령하는 자리에 섰다. 이대로 가면 승상이 될 날도 머지않았다. 힘도 권력도 없는 한비를 굳이 죽이고 싶지 않았다. 괜히 피를 묻히면 친구를 죽였다는 불명예가 중원에 떠돌 것이다.

이사는 생각에 빠져 집에 도착하는 줄도 몰랐다. 려려가 저녁을 차려 놓고 맞았다. 이사는 려려를 바라보았다. 자식 넷을 두었어도 여전히 자태가 고왔다.

이사는 스승이 왜 려려를 자기에게 보냈는지 자세히는 몰랐다. 진나라로 떠나겠다며 스승을 찾았던 날 려려에게 같이 떠나자고 차마 말을 꺼내지 못했다. 강호에서 무명인데 진나라에서 선뜻 등용해 주리라는 자신도 없었다. 3,000을 헤아리는 식객 중에서 여불위가 이사를 알아보았다. 왕에게 추천한 것도 여불위였다. 왕이 성년이 되어 정적을 제거하려 할 때 첫 번째 대상이 여불위였다. 그 마음을 읽고 계략을 꾸민 것은 이사였다. 자기를 알아준 이를 자기 손으로 벤 것이나 마찬가지였다. 그때도 이사는 마음이 흔들리지 않았다. 사사로운 정보다 천하 통일이라는 대업이 더 중요했기 때문이다. 려려는 정숙한 아내였고 현명한 어머니였지만, 여인으로는 곁을 주지 않는 듯했다. 이사는 허전했다. 천하를 얻어도 여자의 마음을 얻기란 어려운가? 한비 때문인가? 이사는 밥을 뜬 채 한참 생각에 빠졌다. 려려가 몇 번 불러도 듣지 못하다 무언가 결심한 듯 밥을 삼켰다.

"려려."

려려가 환하게 웃었다. 아이를 낳고서는 자신도 처녀 때 이름은 잊고 있었다.

"호호, 어인 일로 처녀 적 이름을 다 부르시고?"

마님이나 부인이 아니라 한 여자로 다시 돌아간 것 같아 려려는 기분이 좋았다.

"한비가 오늘 조정에 들어왔소."

순간 려려의 표정이 굳었다. 이사는 멀뚱히 쳐다보았다. 려려는 넋이 나간 듯 한참 말이 없었다. 이사는 상을 물렸다. 초나라를 떠날 때 려려가 주저하면서 뒤돌아본 이유를 이제야 알 것 같았다. 한동안 가라앉았던 질투심이 맹렬히 타올랐다. 왕족이라고 늘 낮춰보던 한비 눈길이 몸을 훑고 지나가는 것 같아 소름이 돋았다.

"다시 부를 때까지 사랑에 들지 마시오!"

이사가 소리치자 려려는 그제야 정신을 차렸다. 우물우물 말이 입안에서 맴돌았다. 이사가 절규하듯 외쳤다.

"나가~앗!"

한비가 객사에 들어 여장을 풀자마자 나졸들이 들이닥쳤다. 나졸들은 중원 병사보다 머리 하나는 더 컸다. 말투도 중원 말씨와 달랐다. 서역에서 건너온 종족이었다. 이들은 용병이라 적의 머리를 벤 만큼 돈을 받으니 물불을 가리지 않았다. 잔인하고 거침없었다. 중원 병사보다 힘이나 체격이 월등했다. 중원 병사를 마치 어린애 다루듯 했다.

한비는 사신으로 나섰을 때 이미 생각해 두었다. 진 조정에서 조나라를 치라고 하면 반드시 반대하는 무리가 첩자로 몰아붙일 것이라는 수는 읽어 두었다. 한비는 담담하게 포승줄을 받았다. 다음 수를 준비했다. 잠시 억류했다가 곧 다시 부를 것이다. 진왕을 다시 만나면 설득할 수 있을 것 같았다. 만약에 그마저 실패한다면 최후의 일격을 결심했다. 스승이 왜 막야를 내주었는지 깊은 뜻을 헤아렸다.

옥에 갇힌 뒤 한 달이 지나도 소식이 없었다. 그 사이 요고는 중원을 돌며 각국 중신들에게 뇌물을 풀어 진에 대항하려는 연합 작전을 물거품으로 만들었다. 왕은 요고를 높이 치하하고 1,000호 제후로 봉하고 상경(上卿)으로 임명했다. 한비는 함양에서 운양(雲陽)으로 이송되었다. 한비는 왕을 알현하게 해 달라고 거듭 청했다. 왕은 답이 없었다. 이사를 불러 달라고 해도 이사는 오지 않았다. 한비는 붓을 들었다. 요고를 비난하는 글을 썼다. 이를 빌미로 왕을 만나려는 심산이었다.

요고는 연횡책을 깨려 남으로 초, 북으로 연을 돌아다니며 거금을 뿌렸습니다. 겉으로 보기에는 성공한 것 같으나 실상은 그렇지 않습니다. 뇌물은 받을 때뿐이고 언제라도 진을 배신할 것입니다. 요고는 대왕의 권한을 등에 업고 국가 재력을 낭비하면서 제후들과 친교를 맺고 사사로운 욕심만 채웠습니다. 요고 아비는 위나라 문지기였고 더군다나 요고는 절도 전과가 있습니다. 조나라에서 벼슬하다 추방당하기도 했습니다. 출신도 미천하고 범죄자라 조나라에서도 쓰지 않는데 폐하께서 중용하시면 천하 모두가 폐하더러 사람 보는 눈이 어둡다 비난할 것입니다.

출신을 들먹인 것은 한비의 실수였다. 왕의 심기를 건드려서는 안 된다고 한비 자신이 책에서 누누이 강조했다. 용의 목 아래 역린이라는 비늘이 있다. 용은 길들이면 탈 수도 있을 만큼 유순하지만, 목 아래 있는 역린을 건드리면 사나워져 아무도 살아남지 못한다. 책에 분명히 그렇게 썼다. 유세할 때 왕의 역린을 건드리면 목숨이 위태롭다고 경고했다. 왕의 역린은 출생의 비밀이었고, 승상까지 오른 여불위의 역린은 미천한 상인 출신이라는 점이었다.

왕은 당장 요고를 잡아들였다. 한비 글이 불쾌했지만, 만약 사실이라면 요고도 살려 둘 수 없었다. 한비는 그다음 처리해도 늦지 않다. 끌려 온 요고는 당당했다. 왕이 오히려 당황했다.

"과인의 재물로 제후들과 교제하는 데 썼다는 말이 있던데 사실인가?"

"그렇습니다."

요고는 두려운 기색이 전혀 없었다.

"그러고서도 무슨 면목이 있는가?"

"증자(曾子) 아들 증삼(曾參)은 제 어버이에게 효도를 다하자 천하 모두가 아들로 삼고 싶어했습니다. 제가 대왕께 충성을 다하니 제후들이 저를 믿고 써 주었던 것입니다. 아이가 칼을 가지고 놀면 손을 베고 먹물을 만지면 먹물이 묻습니다. 폐하께 충성을 다하다 작은 허물이 생겼을 뿐입니다."

말을 마치고 요고는 머리를 깊숙이 조아렸다. 여기까지가 적당하다. 더 넘어서 이것저것 지혜를 뽐내면 왕은 자기를 능멸한다 생각할 것이다. 충성이라는 말에 왕은 말문이 막혔다. 한비가 괘씸했다.

'감히 요고와의 사이를 이간질하다니.'

당장 목을 베고 싶었지만, 명분 없이 사신을 처단할 수 없는 노릇이었다.

이사를 불렀다. 이사는 왕이 부를 때마다 두려움이 밀려왔다. 왕은 성장하면서 술수가 더 깊어지고 치밀했다. 때론 태산처럼 신중하다가도 때론 태풍같이 과감하게 처리했다. 상은 후하게 주었고 벌은 엄하게 처리했다. 그러면서 마음이 보이지 않고 생각이 읽히지 않았다. 왕의 마음을 모르니 신하는 늘 긴장했고 갖은 지혜를 다 짜내야 했다.

"이사, 과인은 한비를 중용하고 싶소."

이사는 왕의 의중을 몰랐다. 진심으로 중용하고 싶은지 어떤지

분간이 되지 않았다. 설령 안다고 해도 함부로 발설할 수 없었다. 왕보다 수가 높다는 것이 드러나면 왕은 모욕감을 느낄 것이다.

"신은 남을 이간질하는 자를 등용했다는 말은 들어 본 적이 없습니다."

"재주가 있고 강직하니 쓸 만하지 않겠소?"

"선례를 잘못 남기면 다른 제후국에서 다투어 한비 같은 자를 보낼 것입니다."

"버리기 아까운 인물인데……."

"돌려보내시면 반드시 화근이 될 것입니다."

"하면, 쓸 수도 버릴 수도 없단 말이오?"

"그렇습니다."

왕은 한 번 결정하면 뒤집지 않았는데 이사는 왕이 이상했다. 왕이 무언가를 숨기고 있는 듯했다.

"사신을 함부로 벨 수도 없고, 화근은 싹이 트기 전에 미리 도려내야 하는데……."

왕은 확답을 미루고 사라졌다. 이사는 왕이 사라지는 뒷모습을 오랫동안 지켜보았다. 이사는 "한비는 명예를 중시하는 자이니."라고 중얼거리며 궁궐을 나섰다.

진나라 나졸은 한비를 운양으로 옮기고서 목에 칼을 두르고, 발목에 차꼬를, 손목에 수갑을 채웠다. 그리고 밤낮을 가리지 않고 이

중삼중으로 감시했다. 한비의 무공이 얼마나 깊은지를 잘 아는 이사가 내린 조치였다. 졸음을 못 견디고 잠이 들면 칼이 목을 베어 붉은 피가 옷깃을 적셨다. 매일 밤 들려오는 비명도 견디기 어려웠다. 사소한 죄를 지은 백성의 코가 잘리고, 발뒤꿈치가 잘려나갔다. 옥중에는 늘 피 냄새가 자욱했다. 한비는 눈을 감고 기를 다스렸다. 꿈결인 듯 려려가 스쳐 지나갔다. 려려의 향기가 났다. 려려가 떠나고 려려 방을 들렀을 때 나던 그 향기였다. 세월이 그렇게 흘러도 려려가 그리웠다. 가슴에서 뜨거운 것이 울컥 올라왔다.

"한비."

려려였다. 옥졸이 칼을 내리고 수갑을 풀었다. 한비는 옷을 추스르며 머리를 매만졌다. 려려에게 여전히 그 향이 났다. 려려는 울고 있었다.

"기어이 한 번은 더 만나는구나."

"아버님은?"

"이태 전에 돌아가셨다."

려려가 숨죽여 울었다.

"내 탓 많이 했지? 말없이 떠났다고."

한비는 희미하게 웃었다.

"아버님이 그러라고 하셨어. 너는 먼 길을 가야 하니 고달프고, 이사를 따라가면 일신은 편할 것이라고. 네가 가는 길은 아녀자가 이

해할 수 없다고 하셨지."

한비는 그제야 왜 이사가 며칠 더 머물다 수유재를 떠났고, 려려가 스승 방에서 울고 나왔는지 알 것 같았다.

"결국 그렇게 되었네."

"아버지를 원망하지 마. 잠시 살다 가는 사람도 있고, 영원히 사는 사람도 있다고 했어."

삼불후(三不朽)를 두고 한 말이다. 덕(德)이나 공(功), 말(言)을 세우면 영원히 사라지지 않는다.

"사람은 가도 책은 남는다. 선생님다운 말씀이군. 허나!"

려려가 젖은 눈으로 한비를 바라보았다.

"너도 잃었고, 뜻도 펴지 못하고."

한비는 회한이 가득한 듯 감정이 복받쳐 말을 끊었다. 려려가 들고 온 보자기를 주섬주섬 풀었다.

"이사가 인사라도 나누라며 술을 보냈어."

려려가 흐느끼며 술을 따랐다. 한비가 잔을 들려 하자 려려가 막았다. 려려는 은반지를 빼 술잔에 떨어뜨렸다. 반지 색이 검게 변하면서 가라앉았다. 려려는 이사가 직접 술을 내줄 때 이상하다고 느꼈다. 그 속에 무엇이 들었는지 짐작이 갔다. 려려는 한비가 남의 손에 비참하게 독살당하기보다는 명예로운 길을 택했으면 싶었다. 한비는 려려의 뜻을 알아차렸다. 스승이 칼을 내주며 했던 말을 떠올렸다.

'칼은 칼을 벨 수 없다.'

악은 악으로 다스릴 수 없다는 말이다. 스승은 악한 본성을 공부와 배움으로 교화시켜야 한다고 늘 강조했다. 한비는 악을 법으로 다스리려고 했다. 만약 법이 선이 아니고 악이라면? 한비는 생각이 여기까지 미치자 절망감이 밀려왔다. 배움을 중도 포기한 이사는 결국 잔인한 본성을 버리지 못하고 친구에게 독이 든 술을 보냈다. 려려는 울며 떠났고, 한비는 혼이 빠진 듯 시선에 초점이 없었다.

'인간의 악한 본성을 군주의 권력으로 다스리는 것이 불가능하다면 이번 전쟁이 끝이라는 희망은 있는가! 악이 악을 부르듯 이 전쟁은 또 다른 전쟁을 부를 것이다. 그렇다면 애초에 인간이 악한 존재라는 전제가 잘못되었단 말인가!'

한비는 고개를 가로저었다.

인간은 늘 자기 이익 앞에 무너졌다. 권력 앞에 아비가 자식을, 자식이 아비를 죽였다. 왕은 관리를 닦달했고, 관리는 백성의 재산을 부당한 방법으로 빼앗았다. 상인은 눈금을 속였고, 공인은 재료를 속여 잇속을 챙겼다. 아비 재산을 두고 형제가 싸웠고 처첩이 싸웠다. 인간은 늘 제 이익만 욕심내지 않던가? 그것을 다스리는 것은 강력한 법밖에 없다. 그러나 법을 만드는 것 또한 인간인 것을…….

한비는 밤새 생각을 세우고 부수었다. 자기 학문이 옳은 것 같기도 하고, 틀린 것 같기도 했다. 어쩌면 이사가 진위 여부를 증명해 줄 것이다. 설령 다 틀렸다 하더라도 후세 누군가가 타산지석(他山之石)으로 삼아 잘못된 길을 또 가지는 않을 것이다.

한비의 정신이 다시 맑아졌다. 옷섶을 헤치고 순자가 준 막야를 조용히 꺼냈다.

옥졸이 달려왔을 때 피묻은 막야가 햇살을 받아 빛나고 있었다. 한비가 죽었다는 소식은 중원에 빠르게 퍼져 나갔다. 옥졸은, 한비가 마지막으로 남긴 말은 "반자도지동(反者道之動)"이라고 세상에 전했다. 그 말은 돌아가는 것이 도의 흐름이라는 뜻이다.

10

나라를 다스리는 바탕이 되다

한비가 죽자 중원은 최후의 보루가 무너진 듯 진나라 군대에 속절없이 무너졌다. 진나라 군대가 밀려가면 제후는 도성을 버리고 도망가기 바빴다. 병력과 화력으로 진군을 감당하지 못하자, 중원에서는 함양으로 자객을 보내기 시작했다. 자객들은 저마다 무공이 뛰어났지만, 진왕 곁에 가까이 가지 못하고 호위병 손에 죽었다. 진왕 가까이 가려면 적장의 목을 벤 정도의 공이 있어야 했다. 하지만 천하를 위해 제 목을 내주는 이는 아무도 없었다.

진나라 인질이던 연나라 태자 단(丹)은 진나라 사정에 밝았다. 단은 원래 조나라에서 정과 같이 인질로 잡혀 있었다. 둘은 아주 친했다. 정이 진나라 왕이 되었을 때 단은 다시 진나라 인질로 잡혀갔다. 왕이 된 정은 함께 인질이던 때의 약속을 저버리고 단을 철저히 무시했다. 단은 복수를 결심하며 연나라로 도망쳐 자객을 물색했다.

때마침 단은 북방을 평정한 전광(田光)과 겨루러 온 자객 형가(荊軻)를 만났다. 전광은 형가와 맞닥뜨리자 형가의 비범한 재주를 알아보고 식객으로 받아들였고, 형가를 단에게 소개했다. 형가는 죄를 짓고 연나라로 도망쳐 온 진나라 장군 번오기(樊於期)의 희생으로 그의 머리와 연나라 비밀 지도인 독항(督亢)을 준비했다.

거사에 성공해도 죽고 그렇지 않아도 죽는다. 형가는 믿을 만한 부관이 필요했다. 형가가 미리 생각해 둔 사람이 있었으나, 단의 성화에 진무양(秦舞陽)을 데리고 진나라로 출발했다.

형가는 함양에 도착하자마자 왕의 총신인 몽가(蒙嘉)에게 뇌물을 주었다. 몽가는 형가를 데리고 함양궁으로 향했다. 왕은 독항을 가져왔다는 소식에 흥분을 감추지 못했다. 최상의 예를 갖추어 형가를 맞았다. 형가는 왕에게 직접 전달하고 싶다고 했더니 왕이 허락했다. 형가는 번오기의 머리를 담은 상자를, 진무양은 독항을 담은 상자를 들었다. 왕과 가까워지자 진무양은 얼굴색이 변하면서 벌벌 떨었다. 좌우에 있는 신하들이 의심의 눈초리로 쏘아보았다. 형가가 돌아보고 웃으며 말했다.

"북쪽 오랑캐라 천자를 한 번도 뵌 적이 없어 몸 둘 바를 모릅니다. 무례를 용서하십시오."

왕은 한 걸음 더 가까이 와 직접 지도를 바치라고 했다. 왕은 마치 연나라를 수중에 넣은 듯 흡족한 표정이었다. 형가가 진무양이 든 함을 열고 지도를 꺼내 바쳤다. 왕이 지도를 다 펼칠 때쯤 비수가 흘러 떨어졌다. 형가는 왼손으로 비수를 쥐고 오른손으로 왕을 잡고 찔렀다. 형가는 칼끝에 무언가 닿는 것 같아 성공한 줄 알았다. 왕의 옷자락이 펄럭 휘날렸다. 왕은 몸을 빼면서 허리에 찬 칼을 잡았다. 칼이 너무 길어 칼집에서 빠지지 않았다. 왕은 기둥 사이로 달아났고 형가가 비수를 들고 뒤쫓았다. 비수가 기둥에 부딪히며 불꽃이 일었다. 신하들은 속수무책 발을 동동 구르면서 가슴만 쳤다. 진나라 법에 따르면 명령이 없이 왕의 단상에 오를 수 없기 때문이다. 칼이 빠지지 않아 왕은 계속 형가의 칼을 피하기만 했다. 이때 어의가 손에 쥔 약봉지를 형가에게 던지며 소리쳤다.

"전하, 칼을 등에 지고 빼십시오."

형가는 약봉지에 맞아 넘어졌고, 그 틈에 왕이 형가를 찔렀다. 형가는 왕을 향해 비수를 날렸다. 비수는 빗나가 구리 기둥에 부딪치고는 불꽃을 튕기며 나뒹굴었다. 거사가 수포로 돌아가자 형가는 울부짖었다.

"왕을 생포하지 말고 그냥 죽일 것을……."

말이 끝나기도 전에 이제야 명을 받은 신하들이 형가의 심장을 찔렀다. 심장에서 터진 피가 왕의 얼굴에 몇 방울 튀었다. 왕은 피를 닦으며 연나라를 당장 치라고 고함쳤다.

형가가 실패해 마지막 기대가 무너지자 중원은 낙담해 기세가 꺾였다. 진나라 군대는 천하를 쉽게 정복했다. 왕은 형가 사건 이후

경호를 열 배로 늘리고 조금이라도 의심이 가는 인물은 그 자리에서 처형했다. 그래도 자객이 끊이지 않자, 왕은 최측근에게만 알리고 거처도 숨겼다. 조고나 이사를 통하지 않고는 왕을 만날 수 없었다. 행여라도 왕을 찾았다가는 바로 처형당했다. 이런 조치가 훗날 또 다른 화를 부를 줄은 왕도 이사도 몰랐다.

왕의 명령으로 단을 사로잡은 것은 이신이었다. 왕은 젊고 유능한 장군을 얻게 된 것을 몹시 기뻐했다.

"과인은 초나라를 얻고 싶소. 병력이 어느 정도면 얻을 수 있겠소?"

"20만 명이면 충분합니다."

젊은 장군은 자신이 넘쳤다. 곁에 선 백전노장 왕전은 소리 없이 웃었다.

왕은 왕전에게 똑같이 물었다.

"60만 명은 있어야겠습니다."

60만 명은 진나라 전군의 병력이었다.

"천하의 왕장군도 이제 늙었구려. 겁을 다 내시고."

왕은 이신에게 20만 명을 내주고 초나라를 치게 했다. 왕전은 병들었다며 고향으로 물러갔다. 이신은 긴 행군으로 지친 병사를 돌보지 않고 성급히 공격하다 3일 만에 대패하고 장수 일곱을 잃었다. 진나라 군대가 이처럼 크게 패한 일은 없었다. 왕은 직접 왕전의 고향 빈양으로 달려갔다.

"과인이 장군 말을 듣지 않아 이 지경이 되었소. 이신은 진나라 군대에 먹칠을 하였소. 용맹은 경험만 못하다는 걸 이제야 깨닫는구려. 초나라가 날마다 서쪽으로 진군해 국경에 거의 다 왔소."

"소신은 이제 늙고 병들어 머리도 어지럽습니다. 다른 뛰어난 장수를 찾으십시오."

왕전이 완곡하게 거절했다. 왕은 다급했다. 왕전만한 장수는 없었다. 체면을 버리고 한 번 더 간청했다.

"장군, 그러지 마시고 마지막 출정을 해 주시오."

"소신이 꼭 필요하시다면 군사 60만 명을 주십시오."

"그렇게 하시구려."

당시 중국 인구는 6,000만 명이었다. 60만 명은 엄청난 규모였다. 왕전이 60만 대군을 이끌고 출정할 때 왕은 몸소 패수(霸水)까지 전송했다. 왕전은 필승을 결의하면서 왕에게 고향 부근 땅과 산을 모두 달라고 했다.

"걱정 마시고, 승전보나 전해 주시오. 모두 드리리다."

"무신이 공이 높아도 땅을 받지 못하는 경우가 많았습니다. 폐하께서 소신에게 부탁하신 이 기회에 청을 드리는 것입니다. 자식에게 물려줄 재산은 있어야겠습니다."

왕은 호탕하게 웃으며 약속했다.

왕전은 함곡관에 이르러 사자를 다섯 번 더 보내 확답해 달라고 했다. 곁에 있던 휘하 장수가 말했다.

"장군께서 청이 너무 심한 것 같습니다."

"일부러 그런 것일세. 지금 전 병력이 나한테 있네. 내가 재산에 욕심을 내지 않으면 왕은 내가 다른 데 욕심이 있다고 의심할 것이야. 그럼 내 목이 열 개라도 모자라네."

뒷일까지 내다보는 지혜가 있는 왕전에게 초나라는 상대가 되지 않았다. 그 사이 왕전의 아들 왕분은 이신과 함께 연과 제를 평정했다. 제나라가 마지막으로 무너졌다. 정이 왕위에 오른 지 26년째 되던 해(기원전 221년)였다. 아무도 거들떠보지 않던 인질에게 전 재산을 투자하고 천하를 얻으려던 상인 여불위의 야망이 성공한 순간이었다.

긴 전쟁을 끝내고 천하를 손에 넣어도 왕은 침착했고 냉정했다. 불혹의 나이에도 지칠 줄 모르고 밤낮 일에 매달렸다. 중원에 새 질서를 만들어야 했다. 왕은 승상과 어사에게 호칭을 정하라 명하면서 말했다.

"조상의 음덕으로 보잘것없는 과인이 천하를 평정했다. 공적에 어울리는 호칭이 없으면 후세가 알아보지 못할 것이다. 제왕의 호칭을 다시 지어라!"

정이 천하를 통일하기 전에는 '왕(王)'보다 높은 칭호는 없었다. 주나라 천자도 왕이라고 불렀다. 정은 그보다 높은 칭호를 원했다. 승상 왕관, 어사 풍겁(馮劫), 정위 이사는 머리를 맞대고 고심을 거듭했다. 유례없는 대제국을 건설한 과업에 걸맞은 호칭이 필요했다. 왕관이 머리를 조아리며 보고했다.

"폐하께서는 의로운 군대로 천하를 평정하시고, 전국에 군현을 설치하고 법령을 통일하셨습니다. 유사 이래 없던 일로 오제도 못한 일입니다. 오제 이전, 고대에 천황(天皇), 지황(地皇), 태황(太皇)이 있었는데 태황이 가장 존귀했습니다. 왕의 호칭을 태황으로 하십시오. 명(命)을 제(制)라고 하고 영(令)을 조(詔)라고 하며 천자가 자신을 스스로 부를 때는 짐(朕)이라고 하십시오."

왕이 다시 하교했다.

"태자를 빼고 '황'자와 상고 시대 오제에서 '제'를 취해 황제(皇帝)라고 하라!"

황제라는 호칭이 역사에 처음 등장하는 순간이었다. 황제는 이어 제(制)를 내렸다.

"옛날부터 왕이 죽고서 신하가 왕의 호(號)를 정했다. 이는 자식이 아버지를 평가하는 것이고 신하가 군주를 평가하는 것이다. 짐은 이렇게 하지 않겠다. 이제부터 시호법(諡號法)을 없애라. 짐을 시황제(始皇帝)라고 부르고 순서에 따라 2세, 3세라고 불러라. 그럼 내 자손이 끝까지 황제의 보위를 지킬 것이다."

원래 왕이 죽고 나면 신하가 왕의 업적에 따라 이름을 정했다. 문왕이니 무왕이니 하는 호칭은 생전에는 없었다. 사후에 신하가 붙였는데 이를 시호법이라고 한다. 진시황은 그런 전통을 없애 버렸다. 진시황은 천하가 나누어져 각국마다 달랐던 제도도 통일했다. 문자, 도량형, 수레바퀴 폭도 여섯 자(약 180센티미터)로 통일해 도로도 이에 맞추어 닦았다. 이를 법으로 정해 문서화하고 어길 시에는 엄하게 처벌했다. 이후 왕조가 바뀌어도 진시황이 만든 골격을 그대로 유지했다. 중국은 땅이 커서 지방을 어떻게 다스리느냐가 늘 골치였다. 주나라는 왕의 자손이나 측근을 파견해 제후로 삼는 봉건 제도를 시행했는데, 각 제후국은 독립적 지위가 보장되는 지방 분권 제도를 채택했다. 이사가 나서서 이의를 제기했다.

"주나라 문왕과 무왕이 자제를 제후로 임명할 때는 성이 같아 처음에는 사이가 좋았으나, 이후 후손은 혈연이 멀어져 남남이 되었습니다. 서로 죽이고 정벌했는데 주나라 천자가 막을 길이 없었습니다. 지금 폐하께서 제후국을 정벌하고 천하를 안정시켰는데 옛 제도를 쓰면 천하는 또 어지러워질 것입니다. 중원을 37개 군현으로 나누시고 왕자나 공신을 보내 통치하게 하십시오. 군현의 수장을 예전과 달리 대를 잇지 못하도록 하고 중앙에서 엄하게 관리하십시오."

진시황은 이사의 의견을 받아들여 중앙 집권제를 시행했다. 황제 중심의 1인 전제 정치의 서막이 이렇게 올랐다. 황제에서 백성까지 철저하게 수직으로 위계를 세우는 독재 정치였다. 그래서 백성을 '검수(黔首)'라고 불렀는데 짐승과 달리 머리만 검다는 뜻으로, 백성의 지위도 한없이 추락했다. 제도를 정비한 진시황은 다음으로 천하 병기를 모두 수거하라는 명령을 내렸다. 이제 전쟁은 없다는 뜻이다. 병기를 모아 녹여 큰 종을 만들었는데 무게가 쌀 천 석 정도였다.

동으로 조선, 서로 임조와 강조, 남으로 북항로, 북으로 요동까지 땅이 넓어졌다. 천하가 모두 자기 것이요, 모든 백성이 자기 신하였다. 그래도 불안해 진나라의 미래를 점쳤더니 '호(胡)'자가 나왔다. 이를 '오랑캐를 조심하라'는 뜻으로 여기고 맏아들 부소(扶蘇)를 시켜 만리장성을 쌓게 했다. '호(胡)'의 의미를 잘못 해석한 것으로 밝혀진 것은 나중 일이다.

원래 맏아들은 변방으로 보내지 않는데 그렇게 된 데는 까닭이 있었다. 이사가 봉건 제도를 없애고 중앙에서 직접 관리를 파견하는 제도를 만들자 제나라 순우월이 반대하고 나섰다.

"은나라와 주나라는 왕자나 공신을 제후로 삼아 버팀목을 세워서 1,000년이 갔습니다. 지금 폐하께서는 천하를 통일하셨는데, 왕자는 평민이나 다를 바 없어 행여 문제가 생기면 보필할 신하가 없습니다. 옛사람을 본받지 않으면 오래가지 못합니다. 새로 만든 제도는 폐하의 성총을 흐리는 아첨하는 무리가 만든 것입니다. 부디 헤아려 주십시오."

그간 공로를 인정받아 승상에 오른 이사가 반박하고 나섰다.

"오제와 삼대(三代)는 다스리는 방법이 달랐습니다. 시대가 달라서 다스리는 방법도 달랐던 것이지요. 옛 제도만 고집한다면 칼을 강바닥에 떨어뜨리고 배 위에 표시해 두는 꼴입니다. 이는 천하가 비웃을 일입니다. 폐하께서 천하를 통일하시고, 모든 일을 결정하시는데 사사로운 학문으로 폐하께서 만드신 법령을 비난하는 학자가 있습니다. 이들은 제 명예를 얻으려 지식을 과시하고 무리를 지어 조정을 비난합니다. 이들을 막지 않으면 군주의 위세가 떨어지고 붕당이 생겨나 권력이 분산됩니다. 의술, 점복, 농업에 관한 책을 제외하고 모두 불태우시고 나라가 정한 법 이외 것을 논하는 무리를 죽여 본보기로 삼으십시오!"

지독한 사상 탄압인 분서갱유(焚書坑儒)를 이사가 제안했지만 실은 한비가 이미 자기 책에서 언급했다. 한비가 이론가였다면 이사는 실천가였다. 한비를 위시한 법가 이론가들이 만든 정치 제도와 통치술은 후대 왕조의 바탕이 되었다. 법가의 잔혹한 일면을 감추기 위해 겉으로는 유학을 표방하지만, 속은 법가 체제를 따른 것을 두고 양유음법(陽儒陰法)이라고 한다.

부소가 분서갱유를 반대하자 분노한 진시황은 부소를 변방으로 보내 공사를 감독하게 했다. 다음 황위 계승 서열 1위는 부소였다. 그런데 진시황은 부소를 태자로 삼지 않았다. 태자를 세우면 권력이 나누어진다. 진시황은 이를 염려해 태자도 세우지 않고 절대 권력을 누리려고 했다.

분서갱유를 계기로 황제는 이사를 더 신임하고 이사는 황제 아래 명실상부한 중원의 최고 실력자가 되었다. 아들 유(由)는 삼천 태수가 되었으며 공주를 며느리로 받아들였고, 왕자를 사위로 삼았다. 그 위세는 하늘을 찔렀다. 초나라의 초라한 말단 관리에서 중원 전부를 통치하는 승상이 된 것이다. 이사와 한비는 순자에게 같이 배웠지만, 이사에게는 순자가 가르쳐 준 제왕학을 시대에 맞게 운용하는 재주가 있었다. 특히 시대를 읽는 혜안과 과감한 결단력은 남달랐다. 전쟁의 시대, 출신보다 능력을 중시해 인재를 등용한 시대적 배경도 그를 도왔다. 이론보다 실천이 필요했던 시대, 이것이 한비와 이사 두 사람의 운명을 갈랐다.

이사가 권력의 정점에 서자, 집에 빈객이 들끓었다. 아들 이유가 휴가를 받아 귀가하자 이사는 축하 잔치를 열었다. 조정 관리라는 관리는 모두 그의 집으로 몰려와 이사와 아들의 건강을 빌었다. 대문 앞은 관리들이 타고 온 수레로 가득 메워졌다. 이를 보고 이사는 초나라를 떠날 때 스승이 했던 말이 불현듯 떠올랐다.

"옛날 스승께서 지나치게 올라가는 것을 경계하라며 물금대성

(物禁大盛)이라 하셨는데, 무슨 말인지 이제 알 것 같다. 나는 초나라 시골 출신으로 재주가 없는데도 주상께서 발탁하셔 이 자리까지 올랐다. 신하로서 나보다 높은 자는 아무도 없다. 부귀가 극에 달했다. 극에 달하면 내려오기 마련이다.《주역》에서 항룡유회(亢龍有悔)라, 끝까지 올라간 용은 반드시 후회한다고 하지 않던가! 여생이 어떻게 될지 나도 이제 모르겠구나!"

만약 이사가 이때 자리에서 내려왔으면 운명이 달라졌을 것이다. 욕심이란 끝이 없는 법. 그래서 이사도 인간의 욕심과 욕망을 법으로 강제하자고 주장하지 않았던가! 설령 이사가 욕망을 누르고 내려오고 싶더라도 그럴 수 없었다. 그러기에는 너무 높이 올라왔고 새 국가를 건설하느라 벌여 놓은 일도 많았다. 또 황제가 끊임없이 그를 찾았다. 황제와 나라가 수레라면 이사는 말이었다. 이사가 아니면 진나라가 돌아가지 않을 지경이었다.

황제는 자신이 건설한 거대한 제국을 직접 눈으로 보고 싶었다. 황제가 천하를 행차하는 길에 이사도 늘 동행했다. 황제는 자객이 두려워 수레를 여러 개 만들고 가짜 황제를 태웠다. 이사나 조고 같은 최측근 몇 명만 황제가 어디 탔는지 알았다. 시황제로 즉위한 지 11년, 왕으로는 37년째 되는 해 7월이었다. 스무 명의 아들 중 시황제가 가장 사랑하는 막내아들 호해(胡亥)와 이사, 조고가 수행하여 사구(沙丘)에 이르렀는데, 황제가 갑자기 위독했다. 황제는 병이 깊어 정신이 흐려졌다. 조고를 이사로 잘못 알고 맏아들 부소에게 보내는 유언을 받아 적으라고 했다.

"군자를 몽염에게 맡기고 함양으로 돌아와 내 유해를 맞아 장례를 치러라."

장례를 주관하는 상주를 맡으라는 것은 황위를 물려주겠다는 뜻이다. 조고는 옥새를 관리하는 데다 황제 유서까지 손에 넣으니 생각이 달라졌다. 부소는 이사와 가까웠고, 자신은 호해의 스승이었다. 황제의 죽음을 아는 사람은 자신과 이사, 그리고 환관 대여섯 명뿐이었다. 이사는 황제의 죽음을 공표해서는 안 된다고 생각했다. 후계자가 정해지지 않아 자칫 권력을 두고 골육상쟁(骨肉相爭)이 일어날 수도 있다는 이유였다. 평소대로 수라상을 올리고 보고서도 올렸다. 안에서 환관 하나가 황제인 척 결재했다. 시체를 실은 수레에 소금에 절인 썩은 말고기를 한 가마 실어 시황제의 시체 냄새를 숨겼다. 조고는 유서를 적은 편지를 들고 호해를 찾아갔다.

"폐하께서 태자를 세우시지 않고 붕어(왕이 세상을 떠남)하셨습니다. 장남 부소에게만 편지를 남겼습니다. 부소가 황위에 오를 것이고 다른 왕자님은 영지조차 없습니다."

호해가 고개를 가로저으며 말했다.

"뛰어난 군주는 신하를 알아보고 현명한 아버지는 아들을 알아본다고 했소. 아버님께서 큰형님께 유조를 내리신 데엔 깊은 뜻이 있을 게요. 영지를 하사받지 못했다고 해서 내 어찌 딴마음을 먹겠소?"

조고가 말을 받았다.

"신하 되는 것과 신하를 부리는 것은 차이가 큽니다. 천하 권력은 공자님과 이사, 제 손에 달려 있습니다. 부디 깊이 헤아리십시오."

"형을 폐하고 아우를 세우는 것은 의롭지 못하고, 아버님의 말씀을 따르지 않는 것은 불효이고, 재능이 없는데 억지로 남의 공을 뺏는 것은 제대로 된 능력이 아니라고 합니다. 지금 제가 황위를 이으면 이 세 가지 잘못을 다 저지르는 것인데, 그럼 신하가 따르지 않고 민심은 달아나며 내 목숨도 위험할 것이오. 사직의 제사를 받을 수 없소."

조고는 숨이 막혔다. 만약 호해가 거절해 부소가 황위를 이으면 목숨을 장담할 수 없다. 이미 반역한 거나 진배없다.

"큰일을 도모할 때는 작은 의리에 매이지 않고, 진정 큰 덕은 사양하지 않는다 했습니다. 작은 일에 연연하다 큰일을 놓치면 반드시 화를 입고, 성사를 의심해 주저하면 반드시 후회하게 됩니다. 귀신도 모르게 과감하게 결단하면 반드시 성공합니다. 이 기회를 놓치면 내 일을 장담 못합니다. 결단만이 살 길입니다."

호해는 목숨이 위태롭다는 말에 흔들렸다.

"승상이 동조해 준다면……."

호해가 말끝을 흐리며 반쯤 승낙하자 조고는 바로 이사를 찾아갔다.

"승상과 몽염을 비교하면 재능은 누가 낫소?"

"몽염이 낫소."

"지난날 세운 공을 비교하면 누가 낫소?"

"몽염이 낫소."

"사람들이 누구를 더 신망하며 부소는 누구를 더 신임합니까?"

"몽염이죠."

"장래를 위한 계책은 누가 더 잘 세웁니까?"

"다섯 가지 모두 몽염이 나보다 낫소. 뜬금없이 심하게 나무라시는군요?"

"장남 부소가 보위에 오르면 몽염을 승상으로 삼을 것입니다. 그럼 공은 시골로 쫓겨나겠지요. 권력을 잃고 나면 다음 순서가 무엇이겠소? 신하가 공이 아무리 높아도 진나라에서 2대 이상 세습하는 걸 본 적이 없소."

권력을 두고서는 형제도 동지도 없다는 것은 이사 자신이 더 잘 알고 있었다. 그 중심에서 한 번 밀려나면 자신은 물론이거니와 처자의 생명도 위험하다. 자신도 수많은 사람을 처형하지 않았던가! 이사가 흔들리는 빛을 보이자 조고는 못을 박으려는 듯 한 번 더 다그쳤다.

"성인은 한 가지를 고집하지 않고 변화에 맞춰 처신한다고 들었습니다. 그건 승상께서 누구보다 더 잘 알지 않소? 세상 모든 것은 늘 변하오. 맏아들이 꼭 황위를 이으라는 법이 도대체 어디 있소? 지금 물길이 바뀌어 권력이 호해의 손에 있소. 가을에 서리가 내리면 만물이 죽고, 봄에 얼음이 녹으면 만물이 생동합니다. 승상께서는 어느 편에 서시려오?"

이사는 하늘을 우러러 울부짖으며 눈물을 흘렸다.

"내 홀로 난세를 만나 여태 살아 이런 환난을 만나는구나! 내 운명을 어디에 맡겨야 하나!"

이사가 자기편으로 넘어오자, 조고는 다시 호해를 찾아가 거사를 모의했다. 승상이 황제의 어명을 받았다고 속이고, 유서를 다시 만들었다. 조고가 옥새를 쥐고 있으니 아무도 의심하지 않았다.

"짐은 천하 명산을 찾아 명을 더 달라는 기도를 드리고 있다. 부소는 장군 몽염과 10년 넘게 변경에 주둔했지만, 공은 없고 병력만 소모했다. 또 짐을 비방하는 상소를 자주 올리면서 태자가 되지 못하는 것을 원망하였다. 아들로서 불효가 이만저만이 아니다. 칼을 내리니 자결하라. 장군 몽염은 부소가 꾀하는 것을 알고 있으면서도 바로잡지 못했다. 몽염은 신하로서 불충하니 죽음을 내린다."

가짜 유서를 받고 부소는 울면서 스스로 목숨을 끊으려 했다. 그러자 몽염이 부소를 말렸다.

"폐하께서 저에게 30만 대군을 주시면서 공자와 같이 변방을 지키라고 하셨습니다. 중임을 맡기시고 갑자기 자결하라는 명령을 내리시는 것은 이상합니다. 폐하께서는 천하를 순행하고 계시고 아직 황태자를 세우지 않았습니다. 사신이 가짜일 수도 있으니 확인하시고 결행해도 늦지 않습니다."

곁에서 사자가 어서 빨리 자살하라고 성화를 부렸다. 천성이 어진 부소는 아버지 명을 어길 수 없다며 끝내 자살했다. 몽염은 죽음을 거부했다. 관리는 몽염을 양주로 이송해 옥에 가뒀다. 사자가 돌아와 보고하자 호해, 이사, 조고는 매우 좋아하며 그제야 시황제의 죽음을 공표하고 황제 즉위식을 치렀다.

호해가 황위에 올라 2세 황제가 되었다. 시황제가 진나라의 미래를 점쳤을 때 '호(胡)를 조심하라'고 나왔는데, 그 우려가 현실이 되는 순간이었다. 새 황제는 즉위한 뒤 곧바로 조고를 불렀다.

"시간은 빨리 흘러가오. 짐은 하고 싶은 것을 다 해 보고 싶소. 좋은 방법이 없겠소?"

조고는 음흉하게 웃었다. 정적을 제거할 기회를 잡은 것이다.

"사구에서 있었던 일은 공자나 대신 모두 의심합니다. 공자들은 폐하의 형이며 대신은 선제(先帝) 때 등용되었습니다. 저들은 폐하의 즉위를 미심쩍어 하며 진심으로 복종하지 않고 언제 반란을 일으킬지 모릅니다. 30만 대군을 부리는 몽염은 아직 살아 있고 몽염 동생 몽의도 군대를 이끌고 있습니다. 이러고서는 폐하께서 하루도 편안할 날이 없습니다."

2세 황제는 겁이 덜컥 났다.

"어찌 해야겠소?"

"법을 정비하고 형벌을 엄하게 하여 죄가 있으면 연좌해 멸족하고, 선제 때 신하는 다 물리치고, 육친은 멀리하고, 폐하께서 믿을 만한 사람만 곁에 두셔야 합니다."

황제가 그렇게 하라고 하자 조고는 즉각 정적 제거에 나섰다. 시황제 자식들을 함양 광장에서 처형하고, 재산을 몰수했다. 몽염에게는 사약을 내리고 몽의에게도 죄를 뒤집어씌워 처형했다. 함양 성내엔 비명이 그치지 않았고 피비린내가 가시지 않았다. 2세 황제는 조고의 말에 따라 법을 더 엄하게 하고 세금을 더 많이 거두었다. 조정 대신들은 언제 닥칠지 모를 죽음의 공포에 떨었고, 가혹한 세금과 부역에 시달리는 백성의 원성이 하늘을 찌를 듯했다.

포악한 통치를 견디지 못해 폭발한 것은 초나라 진승(陳勝)과 오광(吳廣)이었다. 이들은 백성을 아방궁(阿房宮) 공사에 징발해 가는 임무를 맡았는데 도중에 홍수를 만나 강을 건너지 못해 기일이 늦었다. 진나라 법에 따르면 사형을 면치 못하는 중죄였다. 어차피 죽음을 피할 수 없다면 반란이 사는 길일지도 몰랐다. 진승과 오광이 반기를 쳐들자 중원 각지에서 호걸들이 저마다 들고일어났다. 반란하는 무리가 함곡관 홍문(鴻門)까지 진격한 일도 있었다.

중원 각지에서 반란이 일어나자 이사는 의논하러 2세 황제를 만나려 했지만 어디 있는지조차 모를 때가 잦았다. 조고가 황제를 속여 깊숙이 숨게 했기 때문이다. 조고는 낭중령 자리에 올라 정적을 수없이 제거해 원성을 많이 샀다. 자기가 없을 때 다른 신하가 황제에게 사실대로 보고할까 두려워 황제에게 이렇게 말했다.

"신하는 천자의 소리만 듣고 얼굴을 보지 못하기 때문에 천자를 존귀하게 여깁니다. 그래서 황제 스스로 짐이라 부르지요. 폐하께서는 춘추가 어려서 조정에 나와 대신들과 정사를 논하면 단점이 드러납니다. 그럼 폐하를 얕잡아 보는 무리가 생기고 권력이 흔들리게 됩니다. 폐하께서는 당분간 궁궐 깊숙이 숨어 계시고 정사는 저에게 다 맡기십시오. 노자가 무위에 처하라 했는데 바로 이런 뜻입니다."

황제는 처음 듣는 소리라 마냥 고개를 끄덕였다. 사실은 조고가 황제를 속인 것이다. 짐은 원래 조짐(兆朕)을 줄인 말로 싹이 아직 트지 않아 제 모습이 나타나기 이전 상태를 가리킨다. 원래 '나'를 뜻하는 대명사였으나 진시황이 황제만 쓸 수 있도록 하면서 황제 자신을 가리키는 말로 쓰이기 시작했다. 조고는 없는 말을 꾸며 황제를 우롱한 것이다. 노자가 말한 무위도 원래의 뜻과 다르게 조고가 꾸민 것이다. 이사가 황제를 만나려 한다는 것을 알고, 하루는 조고가 이렇게 말했다.

"관동에 도적 떼가 들끓는데 황제께서는 아방궁 공사만 걱정하십니다. 제가 간언하고 싶으나 지위가 낮아서 곤란합니다. 이는 승상의 업무가 아닙니까?"

이사가 불안한 얼굴로 대답했다.

"나도 잘 알고 있소. 근데 폐하께서 조정에 나오시지 않고 궁궐 깊숙이만 계시니 만날 길이 없소."

"폐하께서 한가하시면 제가 승상께 알려 드리겠습니다."

조고는 2세 황제가 술에 취해 한참 흥겨워 있을 때, 이사에게 사람을 보냈다. 이사가 황제를 찾아가면 황제는 취해서 짜증을 냈다. 이런 일이 세 번이나 되풀이되자 황제는 폭발했다.

"짐이 한가할 때는 찾지도 않더니만, 꼭 주연이 무르익을 때 와서 흥을 깨고 그러시오. 짐을 얕보고 능멸하는 것이오?"

조고의 계략을 모른 이사가 영문을 모르고 멀뚱멀뚱 물러나자 조고가 황제 앞으로 잽싸게 나갔다.

"폐하, 그렇게 말씀하시면 위험합니다. 지난번 사구에서 꾸민 일에 승상도 깊숙이 관여했습니다. 그 일로 폐하께서는 황제가 되셨지만, 승상은 지위가 그대로입니다. 폐하와 땅을 갈라 왕이 되고 싶어 하는지도 모르겠습니다. 승상의 맏아들 이유는 삼천 태수이고, 지금 반란을 일으킨 진승도 초나라 놈입니다. 승상 고향이 바로 거기입니다. 이유는 진승이 삼천을 지나도 공격하지 않고 성만 지켰다고 합니다. 저들끼리 몰래 서신을 주고받는다는 첩보가 있습니다만, 확증이 없어 아뢰지 못했습니다. 궁궐 밖에서는 승상의 권력이 폐하보다 높습니다."

황제는 곧바로 삼천으로 사자를 보내 물증을 잡아오라고 명령했다. 이사도 이런 움직임을 알고 황제를 만나려 했으나, 황제는 감천궁에서 곡예를 보고 있어 만나지 못했다.

이사는 닥쳐오는 운명을 예감했다. 마지막이라는 심정으로 황제에게 글을 올렸다. 조고가 폐하의 성총을 흐리고 권력을 농단하고 있으니 즉각 처단해야 한다고 썼다. 이미 조고를 깊이 신임하는 황제는 화가 더 치밀어 올라 이사를 당장 하옥시키라고 고함치고는 조고에게 이사를 심문하라고 했다.

이사는 옥에 갇혀 피눈물을 흘리며 한탄했다.

"하늘이시여! 제가 무슨 죄가 있습니까? 옛날 하나라 걸왕은 관룡봉(關龍逢)을 죽였고, 은나라 주왕은 비간(比干)을 죽였고 오나라 왕 부차는 오자서(伍子胥)를 죽였다. 이 세 사람이 어찌 딴마음을 품었겠는가! 충신인데 처형당한 것은 군주가 무도해서 그렇다. 지금 2세 황제는 걸왕, 주왕, 부차보다 더 무도하다. 나는 관룡봉, 비간, 오자서보다 지혜롭지 못한데, 어찌 살기를 바라겠는가! 내 손으로 일군 이 진나라 운명이 저 간악한 조고 손에서 끝나는구나. 머지않아 폐허가 된 함양에 사슴과 고라니가 뛰놀겠구나!"

조고는 이사를 천여 차례 고문했다. 이미 가족과 빈객은 모두 체포하고 이사에게는 몰살시키겠다고 협박했다. 이사는 고문을 못 이겨 결국 허위 자백을 하고 말았다. 이사는 죽음으로 명예를 지키고 싶었지만, 지난날 세운 공로가 있고 자신이 무고하다는 진실을 황제가 알아주리라 믿고 자살하지 않았다. 그러고는 다시 붓을 들어 충정을 헤아려 달라고 호소했다. 조고는 상소를 중간에서 가로채 찢어 버렸다.

"죄인이 상소는 무슨 상소?"

조고는 심복을 관리로 위장시켜 이사를 고문하게 했다. 이사가 이들을 황제가 보낸 관리인 줄 알고 사실대로 말하자, 조고는 더 가혹하게 고문했다. 얼마 후 황제가 진짜 관리를 보내 심문하게 했는데 이때 이사는 이미 체념한 상태라 허위 자백을 했다. 이사의 죄명은 아들 이유와 함께 반란을 꾀했다는 것인데, 이때는 이미 황제 명령으로 사자가 삼천으로 갔을 때 반란군 항량(項梁)이 이유를 죽인 뒤였다. 조고가 이사 부자의 반란을 날조한 것이었다.

2세 황제 즉위 2년 7월, 함양에서 사람이 제일 많이 다니는 번화가에서 이사를 처형한다는 판결이 내려졌다. 얼굴에 먹물을 새기는 경(黥), 코를 베는 의(劓), 다리를 베는 비(剕), 성기를 자르는 궁(宮), 머리를 쪼개는 대벽(大辟)의 오형에 처하고, 허리를 자르는 요참형(腰斬刑)에도 처하라고 황제는 판결을 내렸다. 형법 범위에서 가장 무거운 형벌이었다. 처형 당일 이사가 옥에서 끌려나와 보니, 둘째 아들도 형장에 묶여 있었다. 이사는 아들을 돌아보며 잠긴 목소리로 말했다. 더 흘릴 눈물도 없었다.

"너와 함께 고향 상채에서 토끼 사냥이나 한 번 하고 싶었는데, 결국 못하고 가는구나!"

시체를 수습할 가족도 빈객도 없어 이사 부자 시체는 까마귀밥이 되고 말았다. 초나라 말단 관리에서 중원 전체를 다스리는 승상까지 올랐던 이사는 그렇게 갔다.

순자가 길러 낸 걸출한 두 영웅은 비참하게 죽었지만, 후대에 미친 영향은 이루 말할 수 없다. 이후 중국의 역사는 한비와 이사 두 사람이 기획한 대로 움직였다. 법가라고 불리는 이들이 기획한 철학과 정치 제도는 진나라 이후에 나타난 모든 왕조의 전형이 되었다. 이들이 중국을 만든 것이나 다름없다.

이후 조고는 권력을 농단하고 2세 황제를 속여 자살하게 했다. 조고는 옥새를 훔쳐 천자에 오르려고 황좌에 올라갔는데 궁궐이 세 번이나 크게 진동했다. 조고는 하늘도 허락하지 않고 민심도 따르지 않는다고 여기고 시황제의 손자인 자영(子嬰)에게 옥새를 넘겨주었다. 자영이 3세 황제가 되었다. 3세 황제는 조고가 두려워 병을 핑계로 조정에 나가지 않았다. 환관 한담(韓談)과 짜고 한 행동이었다. 조고가 문병 오자 매복했던 한담은 조고를 일격에 찔러 죽였다. 한담은 조고의 삼족을 모두 처형했다.

3세 황제가 즉위하고 3개월 만에 유방이 함곡관을 넘어왔다. 훗날 한나라 고조가 되는 유방이다. 신하는 모두 도망가고 따르는 사람이 아무도 없자, 자영은 옥새를 목에 걸고 처자를 데리고 기어서 유방에게 항복했다. 유방은 자영을 살려 주고 함양을 관리에게 맡겼다. 얼마 후 항우가 아방궁에 불을 지르고 자영의 목을 베었다. 한비, 여불위, 진시황, 이사와 더불어 진나라도 역사 속으로 사라졌다.

부록

한비자 소개
(BC 약 281년~233년)

한비자의 생애를 알려면 우선 사마천이 쓴《사기》〈노자한비열전〉부터 읽어야 한다. 〈노자한비열전〉은 한비자에 관한 전기로는 최초이고 인생 역정과 철학이 간략하게 소개되어 있다.

한비자는 한나라 공자(公子)이고 형명학(形名學)을 배웠다. 형명학은 황로학(黃老學)에서 갈라져 나왔으므로 사마천은 노자와 한비자를 같은 장에서 다루었다. 이사와 같이 순자에게 배웠고 말을 더듬었으나 글을 잘 썼다. 한나라 왕에게 치국의 도를 수차례 간언하였으나 받아들여지지 않아 글을 쓰는 일에 몰두했다.

당시 국력이 가장 강한 나라는 진(秦)나라였는데, 진나라 왕 영정(훗날 진시황)이 한비가 쓴《한비자》의 〈고분(孤憤)〉, 〈오두〉 편을 보고 "이 사람을 만나 같이 도모한다면 죽어도 여한이 없겠다"고 하자 이사가 한비가 쓴 글이라고 왕에게 아뢰었다. 이에 영정은 한비를 불러들이려고 한나라를 공격했다. 한나라 왕은 처음에 한비를 등용하지 않다가 사태가 급박하게 돌아가자 한비를 진나라 사신으로 보냈다. 영정은 한비를 만났지만 정작 그를 중용하지 않았다. 이사와 요고가 한비를 살려두면 적국에 이롭고 본국에는 해로우니 죽여야 한다고 간언했기 때문이다. 영정은 이 말을 받아들여 한비를 감옥에 가두었다. 이사는 왕 몰래 독약을 보내 한비를 자살하게 했다.

여기까지가 사마천의 기록이다. 그런데 후대에 내려오면서 사람들이 사마천의 기록에 의문을 품기 시작했다. 진왕이 한비를 불러 놓고 중용하지 않은 것도 이상하고, 이사가 왕의 허락 없이 마음대로 사신에게 독약을 보내 자살하게 한 것도 상식에 맞지 않다는 것이다. 또 순자 밑에서 이사와 동문수학한 것도 연대를 고증해 보면 사실과 맞지 않는다고 한다. 또 한비가 순자에게 직접 배우지 않고 책을 통해 간접적으로 배우고 스승으로 삼았다는 주장도 있다. 한비에 관한 기록이 많지 않아 의견이 분분하다. 상황이 이렇더라도 한비자에 관해서는 우선 사마천의 기록을 중심에 두고 후대 학설을 검토하는 것이 좋다.

한비자는 기원전 281년에 태어나 기원전 233년 진나라에서 생을 마감했다. 현재의 하남성 신정(新鄭)시에서 태어났고, 출생연도에 관해서는 기원전 299년, 281년 등의 설이 있으나, 현대 학계는 여러 정황을 미루어 281년 설을 통설로 인정한다. 한나라 마지막 왕인 한왕안(韓王安)을 거슬러 올라가면 환혜왕(桓惠王), 리왕(釐王), 양왕(襄王) 순서인데 한비자는 양왕의 손자일 가능성이 높다고 한다. 이 경우 한왕안에게는 한비가 당숙이 된다. 이것도 어디까지나 추측이고 증거는 없다. 사마천도 확실하지 않아 한나라 여러 공자(公子) 중 한 명이라고 했다.

여기서 '왕자(王子)'가 아니고 '공자'라는 표현을 쓴 것을 눈여겨 보아야 한다. 주나라는 건국 초기부터 지방에 공신이나 왕족을 파견해 다스리게 했다. 주나라가 중앙 정부라면 다른 나라는 지방 정부인 셈이다. 중앙 정부를 왕이 다스린다면 지방 정부는 제후가 다스렸다. 제후국은 모든 면에서 중앙보다 한 단계 등급이 낮았다. 진시황이 천하 통일하기 전이라 아직 '황제'라는 칭호는 없었으므로 중원의 통치자는 '왕'이다. 왕 아래 '공후백자남(公侯伯子男)' 5등급으로 나뉘고 제후국은 '공'에 해당한다. 그래서 한비가 '왕자'가 아니고 '공자'인 것이다.

한비자(韓非子)는 성이 한(韓)씨이고 이름이 비(非)이다. 통상대로라면 한비자가 아니라 한자(韓子)라고 불러야 한다. '자(子)'는 '선생님'이라는 뜻의 존칭인데, 보통 성에만 붙인다. 공자, 맹자, 노자, 장자 등이 모두 그렇다. 그런데 유독 한비자만 이름과 같이 불리는 이유가 있다. 당나라 때 한유(韓愈)와 구별하려고 한유를 '한자'로, 이전에 '한자'라고 부르던 한비를 '한비자'로 부르기 시작했다. 당나라 때 불교가 유행하면서 공자, 맹자의 유학이 쇠퇴하자 한유가 유학을 회복해야 한다고 적극 주장했다. 이를 높이 평가한 송나라 때 신유학자들이 한유를 '한자(韓子)'라고 높여 불렀던 것이다. 송나라 이전에는 '한자'라고 하면 '한비자'를 가리켰다.

전국 시대(戰國時代)는 문자 그대로 전쟁의 시대였다. 특히 한비자가 살았던 전국 말기에는 절대 강자 진(秦)이 조(趙)·위(魏)·한(韓)·제(齊)·연(燕)·초(楚)를 병합하려 전쟁이 더 치열했고 격렬했다. 철기 발달과 더불어 전쟁 무기도 발달해 사상자가 훨씬 늘어났다. 소위 전국칠웅(戰國七雄)은 전쟁에서 살아남으려 인재 등용에 사활을 걸었는데 그중 법가가 단연 두각을 나타냈다. 한비자의 조국, 한나라도 신불해라는 법가를 등용해 성과를 거둬 한나라에서도 법가가 성행했다. 한비자는 이런 험난한 시대를 살면서 평화를 구축할 방안을 모색했다. 성악론을 바탕으로 제왕학을 새롭게 펼친 순자에게 배우고, 노자의 통치술을 섭렵했다. 그리하여 노자의 《도덕경》을 해석한 〈유노〉, 〈해로〉 편을 저술했다. 여기에다 관중 이래 실제 정치 행정가가 개발한 통치술을 가미했다. 선배 법가인 오기, 이회, 상앙, 신불해, 신자 등의 학설을 자기 체계 안으로 융합했다. 즉 한비자는 선진(先秦) 시대 제자백가 학문을 비판적으로 검토하고 종합한 것이다. 그래서 한비자를 두고 법가를 집대성

했다고 평가한다.

《한비자》는 대략 50만 자가량 되는 방대한 분량이다. 이 모두가 한비자 작품은 아니고 시대를 거치면서 가필된 것도 있다. 어쨌든 한비자가 글을 쓴 목적은 '평화로운 시대'에 대한 갈망이었다. 왕 중심 1인 통치가 불가피하다면, 왕이 자기가 기획한 대로 나라를 다스리면 평화가 도래할 것으로 생각했다. 세상에는 폭군도 성군도 자주 나오지 않고 왕은 대체로 평범하므로 자기 철학을 따르면 나라를 잘 다스리고 나아가 중원의 평화를 이룩할 수 있다는 것이다. 그러나 한비자가 주장한 이상 국가는 현대 민주주의 국가와 확연히 다르다. 거기에는 주권도 민권도 없다. 황제만이 모든 권력을 독점한다. 법대로 통치한다고 하지만 법을 제정하거나 집행하는 절차가 민주적이지 않았다. 한비자가 무엇을 의도했든 그 속에는 폭력적인 전제 정치가 있다.

한비자가 기획한 것을 실제 정치에 적용한 것은 동문인 이사였다. 이사는 진시황을 보좌하면서 천하를 통일하고 강력한 제국을 건설했다. 이후 중국 왕조가 이사가 고안한 체계와 체제를 교본처럼 따랐다. 현대의 공산당도 영향을 받았다고 한다. 정치나 사상에서 중국 영향을 많이 받은 우리에게도 법가의 어두운 그림자가 남아 있다.

이 시대에 한비자를 다시 읽어야 하는 이유가 여기에 있다. 민주주의가 인류가 개발한 최상의 정치제도라고는 생각하지 않는다. 분명 더 좋은 제도가 있다. 후손을 위해 더 좋은 제도를 개발해야 하는 것도 이 시대 사람들의 몫이다. 그러려면 역사를 알고 비판하면서 딛고 일어서야 한다. 한비자를 위시한 법가를 제대로 이해하는 것이 그 시작일 것이다.

한비자의 생애

기원전

314	285	281
순자 출생.	순자 제나라 직하 좨주가 됨.	한비자 출생.

275	270	267
한비가 관중, 상앙, 오기, 손자의 글을 읽음.	진나라가 원교근공 정책을 펴면서 이웃한 한나라를 핍박하자 한비자는 조국의 위기를 절감함.	순자 진나라 소양왕(효문왕의 아버지) 알현.

- 263-252
  한비자와 이사, 순자(50대 즈음)에게 수학.
- 262
  진나라 장수 백기가 한나라를 공격해 성 50개 점령. 한비자 처음 상소 올림.
- 259
  영정(훗날 진시황) 조나라에서 출생.
- 257
  한비자 환혜왕에게 수차례 치국책 올림. 간언이 받아들여지지 않자 이 시기부터 저술에 들어간 것으로 추정.
- 255
  순자 난릉현 현령이 됨.
- 251
  진나라 소양왕 사망. 효문왕 즉위. 자초(진시황 아버지)가 태자가 됨.
- 250
  효문왕이 죽자 자초가 장양왕으로 즉위. 여불위를 상국으로 임명.
- 247
  이사가 순자, 한비자와 작별하고 진나라로 감. 한비자는 초나라에서 한나라로 돌아와 저술에 몰두함. 진나라가 한나라 상당군 점령.
- 246
  영정 진왕으로 등극.

● 236

여불위 실각.
초나라 실권자 춘신군이
이원에게 피살됨.

● 235

이사가 한나라에
사신으로 와 항복을 권함.
이때 한비자 책을 갖고
갔을 가능성이 있음.

● 234

진시황이 한비자 책을
읽음.
한비자 진나라에
사신으로 감. 〈존한〉을
바쳐 이사와 요고를
비난함.

● 233

이사가 보낸 독약을 먹고
한비자가 자살함. 진왕이
뒤늦게 한비자를 풀어
주려고 했으나 이미 늦음.

●참고도서 : 전목(錢穆) 《선진제자계년(先秦諸子繫年)》, 사마천 《사기》
●기록마다 연대가 약간씩 차이남.

읽고 풀기

1. 순자가 한비자를 불러 하산하라고 하면서 부단히 수련하라며 전한 말이 있습니다. 무슨 말을 했나요? 또 스승인 순자는 왜 그런 말을 했는지 말해 봅시다. 1장 참고

2. 이사는 자신이 말단 관직에 있을 때 있었던 이야기를 들려주며, 순자를 찾아오게 된 계기를 말했습니다. 어떤 이야기였으며, 그 이야기가 상징하는 바는 무엇인지 이야기해 보세요. 2장 참고

3. 상나라 출신 여불위는 자신의 뜻을 펼치기 위해 조나라에 인질로 잡혀 있는 공자 이인을 찾아가며 혼잣말로 중얼거립니다. 자신에게 보물과 같은 사람을 미리 알아보고 차지한다는 뜻의 사자성어는 무엇인가요? 3장 참고

4. 한비자는 노자의 가르침을 배우기 위해 주나라의 수장실이 있던 곳에 갔습니다. 그곳에서 만난 자은무명은 한비자의 스승인 순자와 자신의 스승인 노자의 가르침의 차이를 인위(人僞)와 무위(無爲)라고 말했습니다. 각각의 뜻은 무엇인가요? 4장 참고

5. 한비는 진나라가 왜 강력한 나라가 되었는지를 배우기 위해 진나라에 가서 100년 전에 상앙이 만든 법이 그대로 지켜지는 것을 보았습니다. 한비는 그 이유를 무엇이라고 생각했나요? 5장 참고

6. 순자는 제자 한비에게 보낸 편지에 인간의 본성을 바꾸는 방법에 대해 썼습니다. 그 방법은 무엇이었나요? 7장 참고

7. 한비는 시대에 맞게 새로운 통치술을 익혀야 한다고 주장하며

수주대토(守株待兎)라는 고사를 인용했습니다. 무슨 뜻인가요? 8장 참고

8. 춘추 전국 시대에는 전쟁이 끊이지 않았습니다. 하지만 한비는 전쟁이 극에

달했으니, 분명 끝낼 방법이 있을 것이라 생각했습니다. 이와 비슷한 뜻으로 쓰인

사자성어를 모두 찾아보세요. 9장, 10장 참고

* 읽고 풀기의 PDF는 blog.naver.com/totobook9에서

다운로드 받을 수 있습니다.

읽고 풀기 답

1. 청출어람 빙한어수(靑出於藍 氷寒於水)

푸른 물감은 쪽에서 짜냈지만 쪽보다 더 푸르고, 얼음은 물이 얼어서 생긴 것이지만 물보다 더 차다. 스승인 순자는 한비자에게 부단히 수련하여 자신의 경지를 뛰어넘으라고 당부했다.

2. 이사가 관청 청소를 맡은 관리로 있을 때의 일이다. 하루는 측간에 들어갔는데 쥐가 그를 보고는 잽싸게 도망을 쳤고, 또 하루는 곡식 창고에 들어갔는데 배불리 곡식을 먹으면서도 그를 보고 도망치지 않았다. 그때 이사는 사람도 환경에 따라 바뀐다고 생각하게 되었다. 사람이 어질거나 그렇지 않은 것은 자질이 아니라 처한 환경 탓이란 뜻이다.

3. 기화가거(奇貨可居). 진기한 재화는 사 둘 만한 가치가 있다는 뜻으로, 훗날 큰 이익을 가져다 줄 물건이나 사람한테 미리 투자하는 것을 말한다.

4. 순자는 사람의 본성은 악하기 때문에, 성인이 세운 법과 예로 열심히 수련하여 본성을 변화시키라고 했다. 이렇게 단련을 통해 몸과 마음이 바뀌는 것을 위(僞)라고 하고, 이는 사람이 만드는 것이라 하여 인위(人僞)라 부른 것이다. 노자는 본래 마음이란 텅 비고(虛) 고요한 것(靜)이기 때문에, 본래 마음을

지켜야 한다고 말했다. 원래 비고, 고요한 마음을 그대로 갖고 있는 것을 가리켜 무위(無爲)라고 불렀다.

5. 상앙이 법을 만든 후 남문에 나무를 하나 세워 놓고, '이 나무를 북문으로 옮기는 사람은 50금을 준다'고 썼다. 어떤 사람이 밑져야 본전이다 싶어 나무를 옮기고 바로 50금을 받았다. 이렇게 어떤 법이라도 백성과 약속한 것은 반드시 지킨다(移木之信)는 믿음을 심어 주었다. 하지만 새 법령이 반포되자 처음엔 불편하다며 지키지 않는 사람이 많았다. 그러다가 왕위 계승자인 태자가 법을 어겼는데, 상앙은 이를 본보기로 삼기 위해 가혹하게 처벌했다. "윗사람이 법을 지키지 않으니 아랫사람도 법을 지키지 않는다"며 태자를 보좌하는 공자의 코를 베고, 스승의 얼굴에 죄인이라는 뜻의 문신을 새기는 형벌을 내렸다. 이후 형벌이 무서워 법을 어기는 사람이 아무도 없었다.

6. 화성기위(化性起僞). 사람의 본성은 악한데, 수련하고 공부해서 착해질 수 있다. 지금 천하에 전쟁과 살육이 난무하고 진실과 믿음이 사라진 이유는 악한 본성을 그대로 두기 때문이다. 성인(聖人)이 세운 법과 제도로 다스리고 예의로 교화시켜서 인간의 악한 본성을 바꿀 수 있다고 했다.

7. 송나라에서 어떤 농부가 밭을 갈고 있었는데 마침 토끼가 달아나다 나무 그루터기에 부딪쳐 죽었다. 다음 날 농부는 농사일은 하지 않고 전날 토끼가 부딪쳐 죽은 그루터기만을 쳐다보며 기다렸다. 하지만 그런 일은 다시 일어나지 않았고 송나라 사람 모두가 농부를 비웃었다. 우연히 일어나거나 지금은 통용되지 않는 일인데도 그것만을 고집하는 무리를 비판하는 것이다.

8. 물극필반(物極必反) 모든 사물은 극에 달하면 반드시 제자리로 되돌아간다.
반자도지동(反者道之動) 돌아가는 것이 도의 흐름이다.
물금대성(物禁大盛) 지나치게 올라가는 것을 경계하라.
항룡유회(亢龍有悔) 하늘 끝까지 올라간 용이 내려갈 길밖에 없음을 후회한다.